最好不相见

BEST NOT TO MEET

王英 著 / WANG YING WORKS

Wuhan University Press
武汉大学出版社

佛要选弟子，一个是僧人，一个是嫖客，一个是疯子。佛问他们对感情的看法，僧人说“不爱”，嫖客说“都爱”，疯子说“我爱，我痴”。佛说，僧人是不懂爱，嫖客是不懂痴，只有爱过，痴过的人才是我要选的徒弟。

爱过，痴过的人如同浴火重生，这一生才真正开始。

爱，如同握紧的沙子，握得越紧，失去得越快。很多失败的爱情，不是因为不够痴，而是因为太爱，先是失去了自己，然后失去了爱情。

“生离死别”，死别是条不归路，随着时间的流逝，你会慢

慢放下怨念，只求彼此平安喜乐。生离就不同，时间只会将悲痛深深埋藏，如果有一天，你看到他家庭圆满，而自己依然孑然一身，此时心里的伤疤碎了，才知道，原来当初都是自己一个人的爱恋，这种痛足可以销毁灵魂。

欢聚只因为相爱，分离却有无数种理由。因为国家，因为事业，因为外界的压力，只不过这些都是男人的借口，从女人来看，只是因为你不够爱我。

也许我们不能避免爱情的伤痛和别离，但是，至少每一次伤痛之后，我们都能对感情、对自己多懂一点。

目录

沉鱼之逝 / 001

初相识◎浣纱惊梦

恨别离◎江山美人

长相思◎宫墙内外

反间计◎步步惊心

爱相随◎也许是最好的结局

《洛神赋》绝唱千古 / 011

破邺城◎曹丕闯府

暗相恋◎才子佳人

得天下◎后宫纷争

遭嫉恨◎曲终人散

徒伤悲◎唯有绝唱留人间

娶妻当得阴丽华 / 020

新婚燕◎逐鹿中原

为权宜◎再娶新宠

定天下◎两后纷争

为所爱◎废郭立阴

留情面◎女人不为难女人

长恨歌绝 / 033

惊鸿瞥◎畸形之恋

施手段◎有女“太真”

唤三郎◎比翼双飞

白绫舞◎三军不发

长生殿◎此恨绵绵无绝期

名士自风流 / 044

家事贫◎自荐风尘

女校书◎管领春风

遇知音◎徐娘半老

候佳音◎南柯一梦

古井斜阳◎何处是校书门巷?

易求无价宝，难得有情郎 / 056

江边柳◎惊世才情

寄飞卿◎情窦初开

小娇娘◎子安何在?

咸宜观◎勘破“玄机”

彼岸花◎持竿尽日碧江

钗头凤断 / 066

东风恶◎欢情太薄

空悲切◎锦书难托

泪痕残◎生离死别

仕途尽◎梦游沈园

终相遇◎奈何桥上等千年

半路情缘 / 078

惊才情◎落笔行云

传心思◎长叹凝睇

遥相思◎琴述衷肠

刺舌血◎法华经长

为遗憾◎缘知薄幸逢应恨

桃花扇终 / 092

遇画舫◎商女知恨

言辞巧◎一扇定情

守贞洁◎血染桃花

燕子笺◎国仇家恨

终伤逝◎古佛青灯伴无眠

甘为他人做嫁衣 / 101

父母命◎奉旨成婚

相守成◎渐入佳境

同进退◎革命夫妻

知分寸◎毅然阔别

终守候◎始终如一

被供养的礼物 / 114

新婚夜◎形同陌路

二十年◎名义夫妻

暗伤悲◎终成外人

空守望◎渺然一身

呐喊声◎我也是鲁迅的遗物

乱世，没有逃过的命运 / 125

为眼缘◎穷追不舍

结良缘◎新婚燕尔

性洁如◎温良恭顺

被抛弃◎为爱牺牲

孑然一身◎终是你负了我

其实你从来没有爱过我 / 138

姻缘会◎媒妁之命

爱成全◎人生低谷

获新生◎无可畏惧

三十年◎再着嫁衣

铿锵玫瑰◎爱情不是全部

因为爱你，我尊重你的决定 / 155

邂逅◎爱在英伦

学成◎喜结良缘

选择◎为你守候

爱你◎人间四月天

缄口◎此情可待成追忆

爱你，我从未放手 / 172

少才俊◎西点名将
结良缘◎门当户对
青梅涩◎郎情妾意
山盟断◎深陷囹圄
燕分飞◎咫尺终天涯

一生的守望 / 187

暗凄凉◎有分无缘
显大度◎娥皇女英
惊世案◎西安事变
自断腕◎为爱而离
死同穴◎今生为你等待

喁喁私语终有尽 / 201

识文章◎相知相爱
花月期◎现世安稳
戏人生◎新欢不断
伤离别◎一纸成谶
浮世绘◎一切皆浮云

终非我良人 / 214

遭抛弃◎写信求助
遇洪水◎倾城之恋
暗凄凉◎各自情伤
思绪飞◎人生如若初见

但曾相见便相知，
相见何如不见时，
安得与君相诀绝，
免教生死作相思。
——仓央嘉措

沉鱼之逝

西施越溪女，出自苎萝山。
秀色掩古今，荷花羞玉颜。
浣纱弄碧水，自与清波闲。
皓齿信难开，沉吟碧云间。
勾践徵绝艳，扬蛾入吴关。
提携馆娃宫，杳渺讵可攀。
一破夫差国，千秋竟不还。

——唐·李白《咏苎萝山》

爱情从来都是两个人之间的事情。一个眼神，一句话，能让对方辗转反侧，夜不能寐。

关于爱情，我们用几千年的文化，用无数的字眼去描述过，依旧无法说清楚其中的恩恩怨怨。各式各样的爱情案例呈现在我们面前，希望通过前人的经历让后人借取经验，在爱情之路上少碰壁。但是，这种伤害是不可避免的，它是每个人成长的必修课，正如长大是不可避免的。

电视剧《红楼梦》中有一句话“有缘无分空痴想，有分无缘暗凄凉”，缘，就是感性，分，就是理性，一段有缘无分的感情，必将“镜花水月一场空”；一段有分无缘的感情，只会“相见时难别亦难”。

在现实生活里，男人以事业为重，女人以家庭为重。男人认为有了国才有无数的家，女人认为有了无数的家才能成国。

初相识◎浣纱惊梦

西施，浙江诸暨人，父亲卖柴，母亲浣纱，小西施就生活在这个“浣纱溪”的附近。

如果没有那场战乱，没有那个所谓的“离国策”，没有范蠡到民间去“淘”美女，小西施兴许会嫁个当地种田的男子，过上“日出而耕，日落而息”的平凡日子。

早春四月的诸暨，到处是绯红的桃花、纯白的梨花、明黄的金盏菊，衬着枝梢上刚发芽的嫩绿树叶，把湖面点缀得风光旖旎，春色无边。也许就是在这个时候，西施和范蠡相遇在“浣纱溪”旁的吧。那么迷人的风景，那么出色的年轻生命，想要不沉浸其中也是很难的。

我想，范蠡遇到西施的那最初一刻，一定也会惊艳。美好的事物总让人向往，何况西施在那个时候，除了纯净和美丽，再也没有其他多余的东西。

爱上一个人不是理智可以控制得住的，但是理智可以把握爱情的方向。在漫天飞花的日子里，他们相遇了，一个是天真烂漫的少女，一个是身负兴国使命的男子，也许遗憾就从这一刻开始了。

西施是个聪明女子，擅跳响屐舞，吴王为她筑起了“响屐廊”：成百的大缸上铺木板，西施穿木屐起舞，裙系小铃，铃声和大缸的回响声，“铮铮嗒嗒”交织在一起，使夫差如醉如痴。她能在送入吴王宫廷后被夫差宠爱17年，两人形影不离，这绝不仅仅是因为外表的美丽。

这应该是西施人生最美好的一段日子：男人在一旁悉心辅导，女人在一旁专心学习，为了一个共同的理想目标而奋斗。

恨别离◎江山美人

无论徘徊多久，无论多么不愿意，这样的日子总有结束的一天。两位恋人将面对的也许是一生的分离，毕竟这场复国大戏会有太多的危险和各种可能性，这个时候，唯有坚强和忍耐。

在苍茫平原上，这一车“包装完美”的仪仗车队，作为战败国讨好战胜国的“礼物”，蔓延着怎样的悲哀和无奈的情绪。

西施在越来越接近吴国的路途中，只能悄悄地从车窗边向外偷窥，看看能不能看到那个熟悉的背影。看不到，让人心焦；看到了，却让人潸然泪下。

这是怎样的一步一步啊，让人窒息而绝望，可是无法制止。如同你看着即将病逝的爱人，你努力想抓住什么，可是你却什么都抓不住，你只能一点一点看他走向死亡。你什么都做不了，只能让自己和怀里的爱人一起渐渐冷去。

西施，你当时有没有越窗而逃的欲望？你有没有问过范蠡是不是真的爱你，愿不愿一起私奔到无人的地方过着世外桃源的生活？我想应该是有的，在生离死别面前每个人都有逃避的欲望。

可有些事情从一开始就无可选择，正如当初的遇见，当初的爱恋，当初的耳鬓厮磨，在复国的大计面前，只能数着脚步，看着甜蜜的爱情成为永远无法提起的过去，看着曾日夜相处的恋人渐渐成为陌路。他也像所有人那样，把所有的爱恋收敛起来，恭恭敬敬地把你当成一个送给敌国的礼物，你心里是怎样的痛！是不是就不该遇上呢？不，西施喃喃地说，我还是希望遇上，能在自己有限的生命中拥有那么出色的男子，我终生不悔，即使代价如此惨重。

在范蠡看来，爱情是否从来只是生活的一部分？是的，在复国大计面前有了一点小插曲，我没能控制住我的感情，但这没关系，我可以忍，从头到尾我都是为了复国，不会让一场恋爱阻碍了复国的计划。事实上通过这场爱恋，我也希望西施在

内外配合上情绪更加稳定，不会真的爱上那个吴王夫差，破坏了复国大计。

不得不承认，男人在大事面前都是冷酷无情的。他没有估错，这场配合战打得非常成功。

从西施来看，爱情永远是生命的全部。即使是复国计划，也只是爱情的一部分。既然恋人希望我和他一起实现奋斗目标，那么无论是复国还是其他什么，我都愿意配合。和恋人一起打一场轰轰烈烈的阻击战是值得骄傲的，让人觉得恋人时时刻刻就在自己身边。等到完成目标的那一天，我就能永远和他在一起。这个理想成为西施在吴王夫差宫殿里唯一的一盏明灯，让她历时 17 年之久，这就是女人的痴心不改。

男人总在解决一个又一个的问题，而女人却总是把一切问题归结为爱情。

长相思◎宫墙内外

无论一路上有多少黯然神伤，也有到达终点的那一天。没有任何意外，美人们获得了君主热烈的欢迎。真正一心想获得君主宠爱的女子，往往受宠的时间并不长；往往那些能很好地把握感情分寸的女子，却能让君主爱得死去活来，正应了那句“吃饭吃七分，爱人爱八分”的老话。也许那时的西施还没完全从前一段热恋里回神过来，她那七分伤心，三分黯然的心绪让吴王夫差觉得美人更加真实。毕竟这个有点屈辱的角色和远离家乡的困境让美人伤心是正常的，比起那些一脸狂喜的女子要好得多，于是这场长达 17 年的畸形爱恋开始了。

吴王夫差，如果你知道 17 年后的结果，你是有亡国之恨，还是伤心这 17 年来只是你一个人的爱恋？在你被迫自刎的那刻，你是否还想念着西施？

一个能在战败后留下对方国君，只要对方俯首称臣，就不斩草除根的男子，只能说他败于他的自大。他没有恨，他要的是绝对的臣服，绝对的权威，而不是人命。因为他的自大，他疏忽了，或者说他刻意疏忽了，如同狮子面对小老鼠，他才不介意你的小把戏。可惜勾践不是小老鼠，他是一只隐藏起来的蝎子，看上去也许没有狮子强大，但是他有绝招，一招得手对方即死。

对于西施呢？吴王夫差是一种享受贡品的心态。本就是美味，战败国送来的更是有趣，值得好好品尝一下。只是没有想到，一旦尝下去就开始沉迷，这个美梦居然 17 年都没有醒来。一旦醒来时，却发现国破家亡。以他的性格如何能屈于他人之下，所以他只能是死路一条。

17 年的宠爱，17 年的肌肤相亲，要怎样的挣扎，西施你才能一直充当范蠡的盟友，共同推翻那个宠爱你 17 年的男人。就算是一块石头，17 年也该捂热了，你真的没有一点点的爱恋？事实上，西施在吴王自刎之后，也一头撞在了吴王身边的岩石上，昏厥过去，最后虽然被救活，但当时应该有了和夫差共死之心，也算报了他 17 年对她的宠爱。

很多事情只有当事人才能明白，旁人都是徒加揣测而已。但这 17 年的爱恋是真实存在的。两人“春秋宿姑苏台，冬夏宿馆娃宫”，夫差虽被大臣指责而无后悔之意。伍子胥每每求见，都被拒之于门外，夫差担心这位开国功臣倚老卖老啰啰唆唆，破坏了良辰美景。无数的史例证明，做王一旦到此地步，也就离垮台不远矣。

庙堂外，是越王勾践复国的每一步。这个如同蝎子一样的男人潜伏着，穿布衣，吃野菜，自己参与耕种。为了增加人口，他制订出奖励生育的规章制度。慢慢的，越国人民开始兴旺，有了物质基础后他让范蠡训练兵马，找准机会向吴国反噬一口。于是一边是风花雪月，一边是卧薪尝胆，两边的差距越来越小。越军最终大破吴国，吴王夫差被围困在吴都西面的姑苏山上，此时的夫差才是黄粱梦醒时分，可惜一切已经晚矣。国破家亡，美人也不再属于自己，天地之大无容身之处，悔之晚矣。

反间计◎步步惊心

既然西施在夫差身边形影不离，那么顺耳也能听到吴国的许多绝密情报。情报要传出去，西施需要在吴国国内有个有力的帮手。这难不倒范蠡，在越国的钱财和美女攻势下，这个帮手出现了，他就是来自楚国的伯嚭。虽然他和伍子胥来自一个国家，可谓是现在所说的“老乡”，可是伯嚭从来没有为伍子胥说过什么好话。

伍子胥，楚国人，史书称他“好文习武，勇而多谋”。受楚国太子谋反案的牵连，父兄死于楚平王之手。后伍子胥投靠吴国攻入楚国，开棺鞭尸（楚平王），令楚国人民大惊，民愤不平，无法立足于楚国。此人复仇之心太重，虽然对吴国来说是个忠臣，对于自己的祖国楚国来说却是个罪人。

西施要祸国，伍子胥就是最好的迫害对象。一方面，伍子胥已经和吴王夫差之间有了不少的矛盾，另一方面，伍子胥作为优秀的军事家，是越国战胜吴国的最大障碍。伍子胥不是劝吴王夫差改变对越国的政策，就是让夫差少花心思在西施身上，多多商讨国事。于是夫差越来越不喜欢他，为了不听他唠叨，干脆直接将他拒之于门外，和西施恩恩爱爱过起了小日子。此时的伍子胥感觉吴国大势已去，为了给自己留条后路，就把儿子送去了齐国。这件事被西施和伯嚭知道后大加利用，里应外合给伍子胥下套。

“众口铄金”，一边是自己宠信的大臣，一边是自己心爱的女人，加上一早和伍子胥之间的种种矛盾，令吴王夫差对伍子胥产生了怀疑。“一个背叛祖国的人，会不会继续背叛其他国家呢？”于是伍子胥送儿子到齐国的事情就被视为背叛吴国的前兆，吴王夫差用剑赐死伍子胥。伍子胥临死前对旁人说：“请在我死后将我眼睛挖出悬挂在吴国首都的东门之上，我要看着越国的军队进城把吴国灭掉。”说完，自刎而死。吴王夫差听说后，大怒，把伍子胥的尸体装进皮袋，投入江中，击掌大

笑:“这下你可就什么都看不到啦！”

吴王夫差可以“掩耳盗铃”，历史却不容更改。在伍子胥死后九年，越国起兵灭了吴国，夫差最终自刎于姑苏山上。

西施的反间计成功了，这是她作为战士对祖国最大的功劳。可是她也被这个事情给毁了，因为她成了真正的“祸国”之人，不但不能存于吴国，就是天下，也再无容身之处。

爱相随◎也许是最好的结局

吴王夫差一死，西施就失去了利用价值，关于西施最后的结局众说纷纭，大部分都归结于“沉江”这个结局。拥有“沉鱼”之美的西施，终究被沉入水中，也算得归其所。

《东周列国志》称:“勾践班师回越，携西施以归。越夫人潜使人引出，负以大石，沉于江中，曰:‘此亡国之物，留之何为？’”

西施的去留问题让勾践感到尴尬:她既是吴王的妻妾，又是越国之女。如果留在吴国，吴国人恨其祸国殃民，必将毁之。带回越国，又能安置在哪里呢？留在王宫？这是不祥的祸国之女，必将遭到本国大臣的非议。此时刚刚立国，不可动乱军心。放在民间？她知晓这么多两国的大事，万一落入他国之手，恐怕会生出更多的事端。可是要沉江也需要借口，毕竟在打败吴国这件事上，西施为越国立下了汗马功劳，如果胡乱杀掉，会让其他臣子有“敌国破，谋臣亡”的恐惧感。所以，最后劳烦越夫人出手，将阶级矛盾转化为内部矛盾，成为妇人之间因争风吃醋导致的结局。这就是西施最大的悲哀之处，天下之大却无容身之处。

“西施之沈（沉），（因）其美也。”这个以身许国的绝代佳人，因美而辉煌，也因美而沉沦。

范蠡在越国灭吴之后，他以越王勾践“可与共患难，难与同安乐”为由挂冠而去，化名“鸱夷子皮”，意思为大皮囊。

对于西施最后被沉江的结局，《越绝书》称：“西施亡吴国后，复归范蠡，同泛五湖而去。”这就表达了大家的共同心愿：希望西施能够在战乱中活下来，和范蠡在一起泛舟齐国，从此过上幸福美满的生活。

《洛神赋》绝唱千古

飒飒东风细雨来，芙蓉塘外有轻雷。
金蟾啮锁烧香入，玉虎牵丝汲井回。
贾氏窥帘韩掾少，宓妃留枕魏王才。
春心莫共花争发，一寸相思一寸灰。

——唐·李商隐《无题之二》

“于千万人之中，遇见你要遇见的人。于千万年之中，时间无涯的荒野里，没有早一步，也没有迟一步，赶巧赶上了，那也没有别的话好说，唯有轻轻地问一声：‘噢，原来你也在这里？’”（摘选自《你也在这里》张爱玲）

原来你也在这里？这是人生多大的运气！可惜大多数人“在佛前求了五百年，才求得和你擦肩而过”。

我们不得不承认，爱情天生就有缺陷：年轻的时候，有美丽、有精力，也有时间去谈一场轰轰烈烈的爱情，可是总纠结在迷茫中。等足够成熟，明白爱情全部的时候，却错过了最佳谈恋爱的时机。在围城里，总觉得有太多的遗憾，憧憬着有机会能够再谈一次属于自己的恋爱。等从围城出来了，却再也没办法找回当初谈恋爱时的那种纯真的感觉，于是有人哀叹，还是结发夫妻情意长。

我们总是在不断的遗憾和错失中长大，唯一庆幸的是，当初为爱疯狂留下的记忆都深深留在了脑海里。

破邺城◎曹丕闯府

曹操共有二十五子，不过没有一个能活过四十岁。“曹冲称象”中，那位聪明而仁慈的小天才曹冲，病逝时年仅十三岁。

“七步成诗”的曹植是曹丕的弟弟，一母同胞。早年曹植与曹丕争夺太子权铩羽而归之后，又出了擅走“司马门”一事，失去了曹操的欢心，从此地位一落千丈，最后连妻子也没有保住。但是错有错着，生命的暗淡转化为艺术的亮色，他以最华丽的辞藻，最丰富的想象，开创了前无古人后无来者的文学地位。

曹丕，曹操的第二个儿子，其实也是个能人，作为一个君主，能说出“自古及今，未有不亡之国，亦无不掘之墓”，这份自知，实属难得。可惜曹操能文能武的儿子太多，弄得他只

有毫无特色的存在感。

甄宓之美，早在曹操破邺城的时候就广为传颂，只可惜那个时候她已经是袁绍二儿子的老婆。

邺城一破，曹操就命士兵严守袁府，没想到这边战事没有料理好，那边曹丕无视老爸的命令，喝退士兵直闯入内，抓住甄宓就不放。这个时候，曹操也没办法了，总不能挑明和儿子抢女人吧，只能唤甄宓上前拜见，眼里看得是恋恋不舍，嘴里只能说句“真吾儿妇也”。

对于甄宓来说，她完全没有选择的权利。不过，甄宓还算幸运的，因为出身世家望族，曹丕愿意娶她为妻而不是随便作为一个侍妾，能在历史上留个全名。那时的女子，更多的是只能因为生了个争气些的儿子，而在族谱上加一句“其母×氏”，以表明出处。甄宓也是美丽的，邺城被破，披发垢面还能被曹丕发现其“玉肌花肤，有倾国之色”。

暗相恋◎才子佳人

甄宓嫁入曹家时，大概是二十三岁，曹丕大概是十八岁，而曹植只有十三岁。曹操带着曹丕忙着到处征战，留下甄宓孤独一人守家。曹植作为同胞兄弟，又是这么小的年纪，随便出入曹丕府第不是件难事。

南朝谢灵运对曹植的评价是“天下才有一石，曹子建独占八斗”。曹植十岁就能诵读诗、文、辞赋数十万言，出言为论，落笔成文，深得曹操的宠爱。曹操曾认为曹植在这么多儿子当中“最可定大事”，可见其早熟的程度。于是一来二往，就算甄宓没什么想法，年轻的曹植对美丽的嫂嫂，情窦初开也是很正常，偶然写几首称赞美人的诗词，讨甄宓欢心，也是风流才子正常的行为。

从甄宓的角度来看，作为一个大家闺秀，嫁给袁熙九年，因为夫家战败而被迫“二婚”，每日只能围困在狭窄的“四方天”里，除了生孩子，无可作为。于是在丈夫离家的日子里，唯一的快乐恐怕就是有个能言善辩的小叔子，经常到府上陪自己聊聊天，借机听取外面朝政的格局，谈谈战事，给沉闷无比的生活带来些新鲜的空气。

不过，从见证这段感情的《洛神赋》中让人察觉到这种意思：洛神只存在于想象之中，人神有别，有情人终不能成为眷属。正如曹植和甄宓之间，虽然曹植一直暗恋这位神仙一般的嫂嫂，却因为叔嫂的身份，成为两人情感永远不可跨越的鸿沟。

暗恋是可能的，情绪波动也是可能的，不过一切也仅限于此。

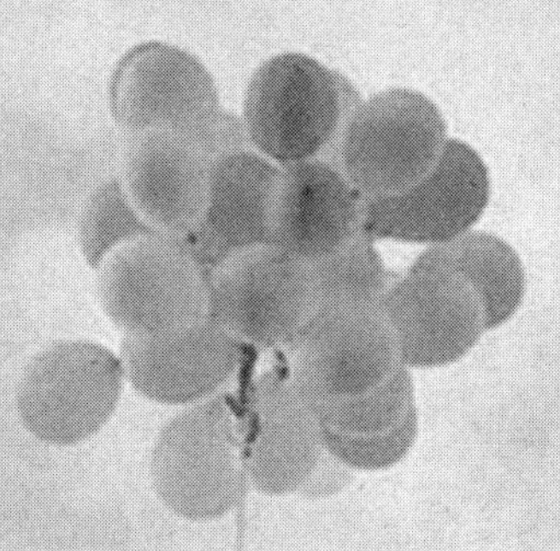

得天下◎后宫纷争

根据史书记载，甄宓幼时非常聪明，好读书而不善女红，习得一手好字，也能为母亲打理家务，性格纯良，有过人的见识。嫁给曹丕之后，曹丕把原配任氏遣黜，甄宓痛哭为其求情。曹丕的生母卞夫人也非常喜欢甄宓，常常夸奖她是个孝顺的媳妇。

而曹丕，他自身的优点被过于优秀的父兄光辉给掩盖了，然而他却做了件非常不平凡的事，就是从父亲的手里抢下了甄宓。这种做法，对曹丕而言，是有百害而无一利，是拿着可能到手的江山甚至是身家性命去冒险。所以说，这一刻，他无疑是爱慕甄宓的。

然而，十五年的夫妻，曹丕和甄宓之间的很多恩爱和心动都被时间慢慢磨平了。甄宓出身于名门望族，是个受过良好家教的大家闺秀。她非常善于处理内宅问题，也在很长一段时间内成为曹丕的好管家。可是随着曹丕的野心越来越大，甄宓渐渐地被忽视了。这个时候的曹丕，需要的不仅仅是个内宅助手，更需要一个事业上能给他出谋划策的同伴，也就是在登基成皇帝的霸业上有个好帮手，于是第二位女主角——郭照出现了。

郭照，少时聪慧，被父亲赞为“此乃吾女中王也”，遂以女王为字。郭女王有个不幸的童年：天下混乱，父母早失，兄弟皆丧，流离失所。二十九岁那年，因其姿容秀美，得以进入曹丕府中，纳为妾侍。不过那时候的妾的地位非常低，基本就是一种物品，随时随地因为夫主的想法而被转赠他人或者直接遗弃。不幸的童年，练就了郭女王一身的本领，解世事，懂谋略，更能为曹丕出谋划策，最终帮助曹丕登上帝位，成为魏国的第一代君主。

《三国志》记载：“（郭）后有智数，时时有所献纳。文帝（曹操）定（曹丕）为嗣（子），（郭）后有谋焉。”也就是说，在曹丕和众多兄弟们争夺世子的事情上，郭女王经常为曹丕出谋划策，所以才会在史书上记下一笔“（郭）后有谋”的评价。曹操病逝，曹丕继“魏王”之位，郭女王也被升级为“夫人”。之后，为了实现登基成皇的梦想，曹丕带着郭女王前往洛阳，筹划汉献帝禅让的事宜，而此时，甄宓却被留在了邺城的大宅中。

同年十一月，汉献帝退位，曹丕登基成帝，建立魏国。和他在登基大业上共同奋斗的郭女王功不可没，被封为“贵嫔”，这个衔头比封为“夫人”的甄宓还要高上半级，仅次于“皇后”级别。此时的甄宓已近四旬，再美丽的女人也将走入迟暮。而甄宓面对的不仅仅是郭女王这个强劲的对手，更多的压力来自于刚刚当上皇帝，正在努力接收各方面送来美女充实后宫的曹丕的“不作为”。

这个时候，甄宓已有两年多连曹丕的面都没见到。而原本属于她的皇后之位，又迟迟没有定下人选，这无疑对甄宓的嫡妻地位是个很大的挑战。等着等着，处于两地分居的甄宓急了，很明显曹丕对她的宠爱已经成为过去，她该用什么办法唤回曹丕对她的感情呢？于是一首《塘上行》出炉了，字里行间满是闺怨：一方面劝曹丕“糟糠之妻不下堂”，一方面也着重表现自己愁苦心情。甄宓希望用这首词让曹丕醒悟回头，希望曹丕看在十几年恩爱夫妻的情分上，保住她原配夫人的地位。

遭嫉恨◎曲终人散

《塘上行·甄宓》：“……莫以豪贤故，弃捐素所爱。莫以鱼肉贱，弃捐葱与薤。莫以麻枲贱，弃捐菅与蒯？出亦复何苦，入亦复何愁。边地多悲风，树木何翛翛！从君致独乐，延年寿千秋。”意思是：不要因为成了君王，就不要自己所爱的人。不要因为鱼肉便宜，就不要大葱和薤菜。不要以为麻枲多了，就可以不管菅草蒯草了。我（现在是）出门也愁，进门也愁。边城的风声让人倍感凄凉，你看门前的树都长得那么高大了（你已经很久没有回来看我）！你在远方独自享乐（莺歌燕舞），（我）愿你万寿无疆。

虽然写词的目的是为了获得曹丕的怜惜，可是甄宓大小姐也有点发脾气的情绪。本来夫妻感情好，闹个小脾气也算是闺房的情趣，问题是，这个时候的曹丕已经不喜欢她了，甚至非常讨厌这样一个嫡妻，嫌她成为郭女王上位的绊脚石。正愁找不到什么把柄让她退位让贤，这下可好。于是曹丕大怒，一杯毒酒就把甄宓彻底铲除了。为了不让阎王爷认出她，也不让甄宓有机会到阎王爷处告状，曹丕让甄宓下葬时“披发覆面，以糠塞口”。直到后来，曹叡接位成为魏明帝，追封生母甄宓为文昭皇后，立寝庙祭祀，总算让甄宓在历史上留名了。

那时，曹丕敢冒天下之大不韪，从父亲曹操的手上夺下甄宓，这是怎样的一种勇气。十六年后仅仅因为甄宓抱怨了几句，曹丕就毒杀嫡妻，还心虚作怪，羞辱死人。

不过，史书也写了甄宓的另外一个结局。《三国志·文昭皇后传》说，当时曹丕称帝后，派人去邺城迎接甄宓到洛阳来当皇后，但是甄宓非常谦虚地认为自己的品德达不到母仪天下的要求，坚持辞让，以至于三次退回对她的授命，恰巧甄宓在那年因病死于邺城，曹丕听闻后非常悲痛，追赠她为文昭皇后。

但是，这种可能性很小。主要是因为在那个年代，嫡妻的位置实在是太重要了，对其他妾室有着生杀大权。郭女王就算愿意屈居人下，万一甄宓视她为敌，趁曹丕一个不注意，找个“不敬”的由头就能随便棒杀了她，那曹丕想后悔也来不及了。

徒伤悲◎唯有绝唱留人间

不知道曹植对甄宓的暗恋，对曹丕最后赐死甄宓有没有影响。不过甄宓死后，曹植入宫拜见曹丕，曹丕给他看了件甄宓的遗物：玉络金带枕。曹植当时没控制好自己的情绪，见枕如见人，在朝堂上泪如雨下。

而小侄子曹叡摆宴请曹植时，宴席间干脆把母后甄宓的枕头送给了他。曹植一路上抱着枕头返回自己的封地，半夜坐船行至洛水，恍恍惚惚见到甄宓站在水面向他微笑。曹植一时心潮澎湃，不能自已，写下了千古绝唱《感甄赋》，昭告天下他对甄宓的感情。不过，魏明帝曹叡觉得文章有伤体面，遂以避讳老妈姓名为由，将《感甄赋》改名为《洛神赋》。

“……其形也，翩若惊鸿，婉若游龙，荣曜秋菊，华茂青松。髣髴兮若轻云蔽月，飘飖兮若流风之回雪。远而望之，皎若太阳升朝霞。迫而察之，灼若芙蕖出绿波。秾纤得衷，修短合度。肩若削成，腰如约素。延颈秀项，皓质呈露。芳泽无加，铅华弗御……”一大堆华丽的赞美辞藻，让曹植对甄宓的爱慕之心溢于言表！也让后世人因文感言，不知道甄宓能美到什么程度。

甄宓的美丽，只能留给后人想象了。

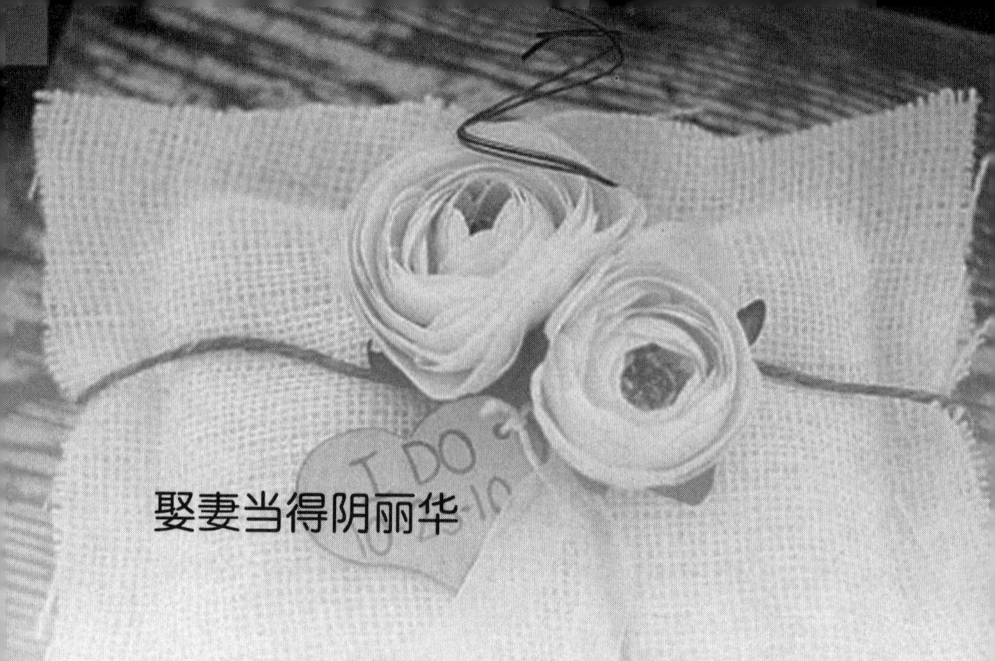

娶妻当得阴丽华

南都信佳丽，武阙横西关。
白水真人居，万商罗鄽闤。
高楼对紫陌，甲第连青山。
此地多英豪，邈然不可攀。
陶朱与五羖，名播天壤间。
丽华秀玉色，汉女娇朱颜。
清歌遏流云，艳舞有馀闲。
遨游盛宛洛，冠盖随风还。
走马红阳城，呼鹰白河湾。
谁识卧龙客，长吟愁鬓斑。

——唐·李白《南都行》

历史上有位知名高僧，遇到过这样一件事情：有个女孩未婚先孕，被家人发现，在家人的逼问下，女孩迫于压

力，说孩子是高僧的。家人大惊失色，续而愤怒，跑到寺庙大骂高僧，还把初生的婴儿留在了寺庙。高僧并没有解释，面对着世人的鄙视，带着初生孩子到处求奶水。很多初为人母的女子终是不忍，一边给孩子喂奶，一边嘴里忍不住冷嘲热讽，高僧始终面色如一。过了几年，那个女孩还是嫁给了当初让她怀孕的男子，夫妻双双跪在高僧面前请求赎罪，并希望带回在寺庙长大的孩子。高僧没有为难他们，让孩子高高兴兴认了父母跟他们回家。这时，大家才知道，这么多年来高僧一直是被冤枉的，越发尊重高僧的品性。而此时，高僧的眼里始终是安然如一：当真做到宠辱不惊，一切如庭前花开花落。

在爱情里，你的底线是什么？

新婚燕◎逐鹿中原

话说，当年东汉开国皇帝刘秀还没被啥投资商看中的时候，也就是一个穿着布衣的穷学生。他去长安求学，在街上看到御林军出巡的威风派头，刺激了他的幼小心灵，回去感慨万千作了一篇关于理想的作文："仕宦当作执金吾，娶妻当得阴丽华"。后来这句话广为流传，成为千古名言，引发了许多"乱世枭雄"的共鸣。这让我想起另外一个情景：秦始皇出巡，一路声势浩大，站在路边的项羽说了句："彼可取而代也！"同样站在街头的刘邦叹了声“嗟乎，大丈夫当如此也！”。

阴丽华大小姐是个正宗的大家闺秀。从家谱上查，据说是春秋名相管仲之后。管仲第七代子孙管修被封为阴大夫，从齐国迁居到楚国（也就是从现在的山东境内搬到了湖北境内），于是全家改姓“阴”。秦末汉初，阴家举族迁到了新野（现河南省境内）。

这个家族不但家谱上源远流长，而且还是富甲一方的大户，《后汉书·阴识传》载：“（阴家）田有七百余顷，舆马仆隶，比于邦君”。但是阴大小姐出生的时辰不对，正是“王莽改制”之际。据说等她老公刘秀接手天下的时候，全国人口“十存二三”（《后汉书·郡国志》），可想当时天下大乱的情况。

本来是八竿子都打不着的两个人，因了刘秀在新野的姐夫邓晨，让刘秀和名门望族阴氏有了点亲戚关系。估计刘秀这个穷小子曾偷偷见过阴大小姐一面，阴家小姐的美貌给刘秀留下了深刻的印象，才会在之后的作文里为阴小姐留下一句千古名句。

后来，刘秀和哥哥在家乡春陵起兵，打着“兴复汉室”的政治口号，和更早揭竿而起的“绿林军”伙同造反。随着部队规模的不断壮大，公元23年，“绿林军”的将领、西汉宗室刘玄被推立为起义军的皇帝，史称“更始帝”，绿林军改称为“更始大军”。在“更始大军”攻克中原重镇宛城后，一场决定朝代变更的大战“昆阳之战”爆发了。刘秀亲率13骑冒死突围搬取救兵，而新莽一方则因主帅大司空王邑的狂妄自大和指挥失误而兵锋受挫于坚城之下，最终在刘秀军与昆阳守城之军

的内外夹击下，王莽的42万大军全军覆没。刘秀一战成名，成为昆阳之战的第一功臣，被“更始帝”封为武信侯。

这下刘秀的身份大不一样了，再次出现在阴大小姐面前的是新帝国“炙手可热，扬名天下”的大将军大侯爷，不再是那个可怜巴巴，穷亲戚家的农家小子了。所以刘秀“仕宦成功”之后的第一件事就是亲自到新野提亲，在宛城迎娶他心中的偶像阴大小姐为妻，以遂平生第二个大愿望。阴家这种大户人家，在朝代更替的关键时刻，为了保护家族利益，有个新贵的姑爷正是求之不得，于是双方一拍即合。

新婚燕尔，正是蜜里调油之际，“更始帝”一纸文书，刘秀被遣去洛阳平定当地诸侯。要知道新建政权并不稳定。只是“更始帝”在派遣刘秀外出招安的过程中，忘了给刘秀发兵发钱，只给刘秀一根代表“更始政权”的节杖，就把刘秀打发上路了，史称“刘秀单车巡河北”。

为权宜◎再娶新宠

当时河北有三大诸侯，即真定王刘扬、广阳王刘接、赵缪王刘林。

要知道那些当地的诸侯，在自己地皮上称王称霸逍遥惯了，谁会因为一纸文书就轻松把政权交出去？所以赵缪王刘林、广阳王刘接和那些河北的豪强大户干脆拥兵自立，推选了一个叫王郎的人在邯郸称帝，号称此人是西汉成帝之子，因躲避赵飞燕姐妹的迫害，流落民间。这么个破借口，明眼人看来就是个幌子，可是对“单车”而来的刘秀，还是造成了极大的困扰，无钱无权的刘秀被王郎的“邯郸政权”搞得狼狈不堪，几致丧命。

就在刘秀准备在河北当地招兵买马，打算和“邯郸政权”一决高下的同时，为了稳定真定府刘扬的10万大军不在一旁添乱，刘秀派部下刘植去真定府游说合作事宜。很快，刘植回来了，带来了好消息:“真定王刘扬愿意招安，但他有个条件，希望和主公结为姻亲，以视双方诚意。”这下刘秀郁闷了:“我这才刚结婚，老婆还没生孩子呢，怎么联姻啊？我唯一的妹妹伯姬也已经许配给李通作继室了，难道让妹妹离婚再嫁？”刘植说:“刘扬有个外甥女叫郭圣通，希望嫁给你做平妻。”

呃，这是天大的喜事啊。不过作为刚刚离开新婚妻子的刘秀，到底还算有点良知，没能一下子抛开感情的眷恋，接受停妻再娶的条件。但是作为属下的刘植有他的观点:“皇帝可以有三宫六院，诸侯可以娶三个老婆，你就算娶两个老婆也不算多啊。何况真定王刘扬的归顺对我方的帮助很大，你不以姻亲的关系拴住他，怎么打败邯郸军阀？我怎么看这件事都是利大于弊，所以已经帮你答应下来了。”

下属在这种事情上往往比正主还要积极，统统归属于“皇帝不急太监急”的状况。要知道下属的身家性命都压在刘秀的前程上，就算刘秀肯忠于爱情，不在乎势力合并，下面的人可不乐意为感情牺牲:你不就是多个老婆吗，男人你怕什么？

于是一场政治婚姻就这样在下属的劝说下被通过了。一切按既定要求进行：刘秀亲赴河北真定府，在真定府郭氏家族的府邸举行了这场再婚典礼。真定王刘扬非常高兴，不但投靠了新政权，还得了个很棒的外甥女婿，一箭双雕，所以在婚宴上亲自击筑为歌，为新人添欢。就这样，继更始元年（公元23年）六月于宛城迎娶阴丽华仅仅数月之后，为了经营河北，刘秀又以隆重礼仪迎娶了他的第二位夫人——郭圣通，远在河南的阴小姐就这样被辜负了。

再次的新婚燕尔之后，更始二年五月，刘秀携本部和真定王刘扬的两方兵马共击邯郸，不久轻松攻破邯郸，剿灭王郎。不得不说，这场政治婚姻是成功的，身为刘秀第二位夫人的郭圣通在其刚刚嫁与刘秀之后就为其夫君的统一大业带来了极大的帮助。

击灭邯郸政权之后，刘秀正式拉开了他平定河北的战争大幕。其中值得一提的是他和铜马农民军之间的战斗进行得颇为惨烈，刘秀本人一度险些被俘。经过多番苦战，刘秀最终打败了以铜马军为主的百万河北农民军，并将其中大批的精壮之兵编入自己的麾下。

定天下◎两后纷争

更始三年六月（公元 25 年），此时的刘秀握有一支令人生畏的武装力量，成为河北的新军阀，当时关东的割据势力都称河北的刘秀为“铜马帝”。在众将拥戴下，刘秀在河北鄗城以南的千秋亭登基称帝，定国号建武。号称有刘汉宗室血统的刘秀为表汉室重兴之意，仍以“汉”为国号，史称后汉或东汉。

此时留守在长安的“更始帝”，以为天下已定，可以高枕无忧，于是生活上就开始腐败起来，不但饱暖思淫欲，还不爱听人批评，滥杀忠良，于是本来就是各路诸侯混集的“更始大军”很快就分崩离析了。各路诸侯再次崛起，开始打击不堪一击的“更始政权”。更始三年九月，山东“赤眉军”攻入长安，更始帝投降，“更始政权”土崩瓦解。不过赤眉军也没存在多久，因为关中久经战乱没有粮食，赤眉军只能打道回府，结果在回山东的路上，被东汉大军围追堵截，最后投降了刘秀的东汉政权。

男人做了皇帝，可是皇后的位置只有一个，给谁?

定都洛阳后，光武帝刘秀迫不及待地遣侍中傅俊护送他另一个妻子阴丽华来到了洛阳，此时一直陪着刘秀转战南北的郭夫人已经为刘秀生下了长子刘彊。

对于郭圣通来说，刘秀的这位太太是陌生的，还先于她进了刘家的门，按以前古人的说法，是丈夫的结发妻子，是“大太太”。

而对阴丽华来说，两年多之前，结婚仅仅三个月，刘秀就辞她而去，之后她不得不搬回娘家住。战乱之中几经辗转，惶恐度日，好不容易盼得夫妻团聚，却已物是人非。昔日的夫君不但已登基称帝，身边还多了一个她不相识的女子，这个女子还诞下他们的骨肉，阴丽华的心境可想而知。

说起郭圣通，她的出身比阴丽华还要显赫。阴氏家族虽为名门望族，管仲后人，但从近几代以来，阴氏未曾出现什么极为显赫的人物。而郭圣通则完全不同。她的外公是汉景帝的七世孙、真定恭王刘普。与刘秀这种顶着刘汉宗室头衔的“破落户”完全不一样，郭圣通是货真价实的西汉皇室后裔。这位出身高贵，为丈夫带来10万大军奠定君王基础的女人，实在比阴丽华“有过之而无不及”。只可惜，真正的爱情和物质无关……

其实在册立皇后的问题上，刘秀一心想把位置留给阴丽华，毕竟一个是自己真心实意想娶的，一个是别人塞过来的，从男人心理上讲，还是前者更加金贵一些。可是他也不能在做了皇帝之后，马上得罪给自己莫大帮助的郭氏同仁们，所以只能把“封后”的事情先搁置下来，把两个女人都封为“贵人”。就在这个节骨眼上，真定王刘扬密谋造反了，估计他是觉得自己的外甥女当不上皇后，自己当不上国舅，有点着急上火，虽然谋反事件很快平定下来，可是郭氏的优势却就此打了折扣。

于是刘秀可以名正言顺地册封阴丽华了，没想到热脸贴了个冷屁股，阴丽华说："作为一个明君，不可忘了同甘苦共患难的女子，为天下人民做好榜样。何况郭贵人已经生皇长子，如果只是一个贵人，让她情何以堪？"光武帝叹了口气，只好立郭氏为后，封阴丽华为贵人。

当然，这件事并没有阻碍刘秀和阴丽华的感情发展。东汉始建，为了平定天下，刘秀经常要率兵打仗，征服各路军阀，他每次都没忘记带上阴丽华。在共同面对一场场战争考验中，两人感情更加深厚，建武三年（公元27年），他们迎来了爱情结晶，未来的汉明帝刘庄。

为所爱◎废郭立阴

光武帝刘秀有11个儿子，除了第三子是许美人所生外，其余10子，阴夫人和郭夫人各生5个，也算是雨露共沾，非常平均。

建武十七年（公元41年），刘秀废掉郭皇后，册立阴丽华为皇后。此时刘秀46岁，阴丽华37岁，估计郭圣通和阴丽华差不多的年纪。这十七年中，到底发生了什么，让刘秀痛下决心，废郭立阴？

首先是建武九年（公元33年），邻京城处发生叛乱，阴丽华的母亲和弟弟在这场叛乱中为"群盗"所杀。这个所谓群盗，恐怕有讲究，估计连刘秀自己都觉得这个叛乱恐怕和郭皇

后的背后亲戚有点牵扯。所以刘秀下诏，安慰阴丽华："吾微贱之时，娶于阴氏，因将兵征伐，遂各别离。幸得安全，俱脱虎口。以贵人有母仪之美，宜立为后，而固辞弗敢当，列于媵妾。朕嘉其义让，许封诸弟。未及爵士，而遭患逢祸，母子同命，愍伤于怀……"

这份诏书太伤人心，说明在刘秀的眼里，阴丽华才是皇后的最佳人选，郭皇后就是一后备队员。如果说在前期，郭皇后还能凭其美貌和家庭背景获得刘秀的宠爱，接连为刘秀生下五子。可是后期却一直在走下坡路，帝后关系的紧张终因为这份诏书彻底暴露出来。

建武十二年（公元36年），东汉大军攻破成都。自此开始，刘秀终于收复了关东、陇右、西蜀等称王立帝的割据政权，中原再次统一，刘秀大权在握。不过这个事情在郭皇后来看并不是件好事，这说明刘秀对郭皇后背后的兵权已到了用尽之时。

于是在建武十三年，也就是刘秀平定天下的第二年，刘秀就暗示他和阴丽华的长子刘庄，希望他今后能继承皇位，别学她妈和舅舅那样"固执"，刘庄的回复简单、直接：俺乐意！

建武十五年，刘秀基本稳定政权后，开始对两个老婆的亲戚进行封赏。只是在君王偏心的情况下，一碗水是没法端平了。同样是封赏，郭皇后的亲戚、儿子都是有名无实的虚衔。更重要的是，太子刘疆一直未能入主东宫，这就让人玩味了。为此，郭皇后屡次劝说，估计一哭二闹三上吊的事都干了，刘秀还是不为所动。

于是这个开场就不算完美的爱情，历经 17 年的持久战，终于走到了落幕之时。建武十七年，刘秀亲自草拟诏书，说明废郭皇后，立阴丽华的道理："皇后郭氏，怀执怨怼，数违教令，不能抚循他子，训长异室，宫帏之内，若见鹰鹯，既无关雎之德，而有吕霍之风，岂可托以幼孤，恭承明祀？今遣大司徒戴涉，宗正刘吉持节，缴上皇后印绶。阴贵人乡里良家，归自微贱，先是固辞后位，长久恭谨廉让，宜奉宗庙，为天下母。异常之事，非国之弱，不得上寿称庆。"

刘秀对阴丽华的长久歉疚，终于获得了完美补偿。阴丽华就算没有当皇后的念头，此时也明白了刘秀对她的深情厚谊，自然是十二分的满足。后来她做了皇后，依然不改"恭俭仁厚，谦让自抑，不喜笑谑，事上谨慎柔顺，处下矜惜慈爱"的本性，天下都称她为"贤后"。

留情面◎女人不为难女人

事已至此，一切都不能挽回了。郭皇后交出了皇后玺绶，黯然离开了居住 16 年之久的洛阳南宫宫殿，然后移居北宫。在这巍巍宫殿之中，她为刘秀生下了五位皇子，她一生的青春时光也在这宫阙楼阁之中流过，却未能挽留住帝王之心，不禁让人感叹。后世的不少史家，就这件事批评光武帝："能容功臣，独不能容一妻子，废后之举，全出私意……"

其实郭后除了不应该加入这场爱情持久战以外，其他方面也没啥不好——为刘秀生育了五个儿子，其家族在刘秀河北创业期间有着巨大的贡献，完全因为爱情被废的皇后，在中国数千年封建王朝史上仅此一例，最终导致光武帝这次黜废郭后的事件列入史书，成为后世历代皇帝不可轻易废后的“反面教材”。

其实刘秀并不是个心狠手辣的男人，他只是想把皇位传给自己爱的女人的孩子，并不想将郭氏及更加无辜的五个儿子置于死地。他给了郭氏一个“王太后”的身份而不是将她废为庶人，并且给郭圣通的娘家诸人封侯，赏赐他们大量金钱，亲自莅临郭后母亲的葬礼，后来又给郭圣通的儿子们赠封。一来的确对郭圣通母子心存愧疚，二来他接受了郅恽的进谏，尽量减少废后异储的负面影响，做到“无令天下有议社稷”。

后来刘庄即位，也就是汉明帝，对自己老妈和郭阿姨家的亲戚都一视同仁。到了章帝时代，身为阴丽华嫡系子孙的汉章帝还亲自到郭氏家中，大会郭氏族人，君臣非常和睦。可见，阴氏做了十六年的贵人，也就是“妾”，仍能不偏不倚地厚待郭氏一族，除了她身为管仲后人，注重家风品行之外，还与她自身的品性有极大的关系。亲身经历了建武、永平两朝，对阴皇后极为熟悉的老臣第五伦在上疏中说道：光烈皇后“友爱天至”（见《资治通鉴》卷四十五）。

阴丽华能在史书上享有美誉主要有以下两点原因。

首先是“宽容”。面对久别重逢的丈夫和情敌还有他们的孩子，她能咬牙忍下来，还能看清局势，阻止丈夫把“后冠”给自己带上，而甘于妾的位置，这种气度无人能及；之后和刘秀相处，不计前嫌，相处甚欢，在十七年的妻妾生活中不断加分，终于母仪天下；无论得势与否，在和郭后及家人相处上也能宽厚仁慈，比起在老公死后，直接把小妾做成人棍的“吕后”，那真是天壤之别。

其次是“约束家人”。“外戚专权”是每个朝代的皇帝都非常头痛的问题——外戚就是皇后的娘家人。女人嫁人之后“巴家”几乎是天性，你我都无法避免。笔者就曾见过这样的：当初夫妻俩一起打江山开公司，十年后，内外部门的负责人都是娘家兄弟姐妹，老板在公司基本成为“吉祥物”，老板娘财政权力一把抓。

阴丽华有个兄弟阴兴当时是黄门侍郎，也就是刘秀的贴身侍卫长。建武九年，刘秀想升他为侍中，赐爵关内侯，印绶都准备妥当了，阴兴却坚决辞让：“我并没有攻城略地一类的战功，如果这次获得皇上不明不白的赏赐，恐怕会令天下对皇上的这种行为感到失望，这是我不想看到的。”事后，阴丽华私下问兄弟为什么要那样说，遭到阴兴的反唇相讥：“贵人（难道）不读书吗？亢龙有悔，盛极则衰，外戚最糟糕的事情就是不知（什么时候应该）谦退耳！”

长恨歌绝

绿野扶风道，黄尘马嵬驿。
路边杨贵人，坟高三四尺。
乃问里中儿，皆言幸蜀时。
军家诛戚族，天子舍妖姬。
群吏伏门屏，贵人牵帝衣。
低回转美目，风日为无晖。
贵人饮金屑，倏忽舜英暮。
平生服杏丹，颜色真如故。
属车尘已远，里巷来窥觑。
共爱宿妆妍，君王画眉处。
履綦无复有，履组光未灭。
不见岩畔人，空见凌波袜。

邮童爱踪迹，私手解鞶结。

传看千万眼，缕绝香不歇。

指环照骨明，首饰敌连城。

将入咸阳市，犹得贾胡惊。

——唐·刘禹锡《马嵬行》

现在社会上，一些小有资产的男人离婚后，为了保护孩子的遗产利益而不肯再婚。可是又喜欢漂亮女人，希望能和其谈一场轰轰烈烈的爱情，以弥补过往感情的损伤。我很想直斥其面，你既不能给对方一份稳定的幸福，分享将来，谈到“家用”又说谈钱伤感情。女人为这种男人牺牲，确实不如妓。

按照常规来理解，男女年龄相差10岁以内，视为正常恋爱；20岁以内，视为各有各的难处；超过20岁以上，应视为各取所需。

惊鸿瞥◎畸形之恋

唐玄宗早期的个人业绩还是不错的：25岁时和太平公主联手“唐隆政变”诛杀韦后，让老爸即位。27岁时老爸退位给他，他通过赐死太平公主的方式取得了国家的最高统治权。前期在

政治生涯中，他注意拨乱反正，任用贤相，励精图治，创造了“开元之治”，是唐朝的极盛年代。可惜60岁惨遭滑铁卢，一心宠爱小他34岁的杨贵妃，造就“君王不早朝”的现况，从怠慢朝政，宠信奸臣，到政策失误，重用安禄山等佞臣，导致发生八年之久的“安史之乱”，盛极必衰，为唐朝之后的衰落埋下了伏笔。

杨贵妃原名杨芙蓉，小字玉环，父杨玄琰，是蜀州司户，叔父杨玄珪曾任河南府土曹，杨玉环的童年是在四川度过的，10岁左右，因父亲去世，她寄养在洛阳的三叔杨玄珪家。

开元二十二年七月，唐玄宗的女儿咸宜公主在洛阳举行婚礼，15岁的杨玉环作为贵族小姐的一分子应邀参加。没想到被咸宜公主的胞弟寿王李瑁看中，于是他们的母亲，武惠妃向唐玄宗申请下旨，批准杨玉环嫁入李家，成为唐玄宗的儿媳妇寿王妃。

当时的杨玉环只是一个寄养的孤女，连自己可以凭靠的娘家都没有。而寿王则是皇上宠妃的儿子，甚至有登上大统的可能。所以值得肯定的是，杨玉环能在众位贵族千金里脱颖而出，被李瑁选上娶为嫡妻，一定是貌美如花了。这个婚姻可以说是杨玉环生命中的第一个飞跃。

《新唐书》记载“（杨玉环）善歌舞，通晓音律，且智算警颖”。杨玉环精通音律，擅长跳《霓裳羽衣曲》，琵琶弹得极好，曲艺中最善击磬，泠泠然多有新声，就是太常梨园的乐师也达不到这个水平。这些，都是赢得男人宠爱的必杀器。

婚后5年，李瑁和杨玉环的感情很好，但是杨玉环没有生育。这5年里，李瑁添的两个儿子都是侍妾所生。

没想到开元二十五年，婆婆武惠妃去世，公公唐玄宗一时身边寥落，无可释怀，就把眼光转到儿子的老婆身上。要知道，虽然皇家见儿媳妇的概率比平常家庭要少得多，因为大家不住在一起，但是过年过节还是会见见面的。之前有婆婆武惠妃管着，公公唐玄宗也不好意思细看，现在没人管了，果然就生出是非来。很多人都说是唐玄宗身边的高力士拉的“皮条”，那也是人家皇上乐意的好不好，他只是一个忠实的执行者，包括后来途经马嵬驿，用白绫杀掉杨贵妃，也是他执行的。

施手段◎有女“太真”

做老爸的抢儿媳妇实在是件龌龊事，就算是皇帝，也要婉转一点吧。开元二十八年，唐玄宗打着“孝”的旗号，让21岁的杨玉环和丈夫分居，到骊山皇宫里出家，为自己的母亲窦德妃荐福，并赐道号“太真”，赐住“太真宫”。就这样，杨玉环开始了她长达5年的出家生活。天宝四年（公元745年），为体恤儿子李瑁，唐玄宗给他定了个韦家的媳妇。然后掉头就册立在“太真宫”里守戒期满的杨玉环小姐为贵妃。

和公公行夫妻之礼，从杨玉环的角度来说，她是没法选择的，长得美丽不是她的错。只是“匹夫无罪，怀璧其罪”。在这个女人没法决定自己命运的社会里，美丽实在是一种罪孽。

杨玉环和李瑁是结发夫妻，年龄也差不多大，天生一对，无需贷款买房找工作。每天只要找找乐子，把小日子过好就行。偶然几个侍妾也只是夫妻的奴婢，就算生了孩子也都归在嫡妻名下，所以他们两个应该是“王子公主”式的幸福生活。

李瑁当然是最受伤的那个。先不说棒打鸳鸯之痛吧，但说他每次进宫，见了自己的老婆执母礼就够尴尬的了。李商隐在诗歌《骊山有感·咏杨妃》为他掬了一把同情泪：“骊岫飞泉泛暖香，九龙呵护玉莲房，平明每幸长生殿，不从金舆惟寿王。”这还多亏杨玉环始终没有生育，没把这件丑事继续扩大化。否则李瑁和杨玉环的儿子见到唐玄宗和杨玉环的儿子该咋称呼？

不得不佩服当时朝廷大臣的承受力度，估计应该也有过劝阻吧。但是一来唐朝是中国历史上少有的开放朝代，各种外来风俗落地开花，所以这件丑事没有引起太大的轰动；另一方面，估计是因为唐代这个年代太富裕，没有太激烈的社会矛盾，既然大家都能吃饱穿暖，也就把这类事当成了茶余饭后的消遣，远远未达到“庸君昏昧”的指责。加上唐玄宗这个时候也 60 岁了，大家就当他是“老夫聊发少年狂”罢了。

唤三郎◎比翼双飞

唐玄宗在兄弟里排行第三，所以，杨贵妃叫他“三郎”，唐玄宗叫杨贵妃“娘子”。从侧面看得出唐玄宗对杨贵妃的宠爱，毕竟这个“三郎”的称呼只能是杨贵妃一个人的特权。

还有个人物需要介绍一下，就是当时被唐玄宗宠极一时的“梅妃”。梅妃比杨贵妃大9岁，杨贵妃进宫的时候她已经35岁了。梅妃，原名江采萍，福建莆田人，此时梅妃已经入宫19年。不得不承认，时间已经让唐玄宗产生了“审美疲劳”。

为了不让她有事没事出现在恩爱眷属面前“添堵”，梅妃不得不退居二线，搬到了上阳东宫，过上了清冷的独居生活。吃得太“荤”的唐玄宗，终于在一个梅花盛开的季节想起了梅妃，偷偷把她接到枕边，没想到还是被杨贵妃知道了。杨贵妃直接冲进房间，装痴卖娇哭闹一场，然后拍拍屁股回娘家去了。事后当然是高力士去接她回来，于是两人重归于好，可怜梅妃只能“柳叶双眉久不描，残妆和泪污红绡。长门自是无梳洗，何必珍珠慰寂寥”。后来遭遇“安史之乱”，唐玄宗带着杨贵妃跑了，留下可怜的梅妃走投无路，只能选择投井自尽，总算为这段爱情画上了最后的句号。

上面的故事有两点值得寻味：一是唐玄宗偷偷地接梅妃，可见唐玄宗对杨贵妃的感情已经因爱生惧了；另外一点是杨贵妃回娘家，这个比较搞笑，妃子是不能胡乱出宫的，可见杨贵妃对于唐玄宗来说，宠比爱也许更强烈一些。

如果说他们有共同语言，这主要是表现在他们在音乐、艺术上的默契。《霓裳羽衣舞曲》是他们两个一起改编的，杨贵妃因此舞成名。玄宗擅打羯鼓，杨贵妃弹得一手好琵琶，加上宁王吹玉笛，李龟年吹篥，张野狐弹箜篌，常常欢洽异常。只

可惜这支顶级的“皇家乐队”不能全国巡回演出，否则真是大众人民的耳福。

值得一提的是，唐玄宗还是我们的“梨园之祖”。梨园，原是唐代都城长安的一个地名，在唐玄宗他爸唐中宗的时候，梨园只不过是皇家禁苑中和枣园、桑园、桃园、樱桃园并存的一个水果园子。后经唐玄宗的大力倡导，梨园慢慢成为唐代“梨园子弟”演习歌舞戏曲的院子，也成为我国历史上第一座集音乐、舞蹈、戏曲的综合性“艺术学院”。李隆基自己担任了梨园的崔公（或称崖公），相当于现在的艺术学院院长。（院长）崔公以下有编辑和乐营将（又称魁伶）两套人马。李隆基为梨园搞过创作，还经常让当时的翰林学士或有名的文人编撰各种文艺曲目，如诗人贺知章、李白等都曾为梨园编写过上演的剧本。雷海青、公孙大娘等人都担任过乐营将的职务。

白绫舞◎三军不发

好日子总是不长久，而苦难却总也望不到头，所以无论做什么事都要悠着点，别做绝了，以免落得个没法收场。

可惜唐玄宗显然被“开元盛世”冲昏了头脑，要知道那个时候，唐朝的疆域里还含有现在俄罗斯的很大一部分领土。于是大家吃饱喝足没事干，就大拍李老爷子的马屁，让李老爷子觉得自己的“丰功伟绩”“前无古人后无来者”，再加上“老人爱上了少女”，一发不可收拾，于是彻底发起了老来狂。

“一人得道，鸡犬升天”，用这句话来形容杨贵妃当时家里的情况一点也不为过。既然能为爱妃吃个荔枝就跑死很多匹马，其他还有啥做不到？杨贵妃的姐姐，升！分别封为韩国夫人、虢国夫人、秦国夫人，每月赠脂粉钱十万；杨贵妃的兄弟杨国忠，升！哪管他原来是不是市井无赖，直接就是国舅，身兼数职，操纵朝廷；杨贵妃的祖宗，升！等等，死人给钱给官没用啊，那就御撰加庙碑，直接用国库的财政收入把杨家一家老小都供起来了，“遂令天下父母心，不重生男重生女”。

“安史之乱”发生在公元755年12月，那个时候杨贵妃34岁，唐玄宗70岁，正好是距离两人正式“偷情”的第十年，估计老天爷也有点看不下去这样的奢侈淫逸，于是对国家最大的一场隐患正在暗地里悄悄酝酿起来，只可惜这个沉迷在牡丹花下的“老蜜蜂”还一无所知。

“安史之乱”，“安”指安禄山，“史”指史思明。安禄山据说是个大胖子，是唐朝三个区域的节度使（省长），拥兵15万。安禄山趁着回中央述职就带了大量的礼物上京，当然最重要的是要讨杨贵妃的欢喜。一个50多岁的老男人居然要认一个30刚出头的小女人为妈，据说宫廷里还上演了一场搞笑的风俗喜剧，安禄山穿个孩子的大肚兜，光光的被人抬到杨贵妃面前，让杨贵妃给他“洗三”（洗澡），说是为博美人一笑，其实就是哄李老爷子对他放心罢了。

“安史之乱”的起因是安禄山和杨国忠之间的矛盾，其实就是一个手握重权重兵的地方军阀想取而代之罢了。从公元

755 年 11 月 9 日安禄山起兵，到 12 月 13 日攻占东都洛阳，短短 35 天的时间内就控制了河北大部分区域，拉枯摧朽之势可见一斑。到了公元 756 年大年初一，安禄山在洛阳自称“大燕皇帝”。战事延续到公元 756 年 6 月 13 日唐玄宗从长安连夜出逃，这个时候国也破了，还没忘了带上杨贵妃和杨国忠，从男人的角度上来说，也算可以了。

司马光的《资治通鉴》是这样记载的，“上（玄宗）杖屦出驿门，慰劳军士，令收队，军士不应。上使高力士问之，（陈）玄礼对曰:“（杨）国忠谋反，（杨）贵妃不宜供奉，愿陛下割恩正法。”上曰:“朕当自（己）处（理）之。”（玄宗）入门，倚杖倾首而立。久之，京兆司隶韦谔（上）前言曰:“今众怒难犯，安危在晷（顷）刻，愿陛下速决（定）!”因叩头流血。上曰:“贵妃常居深宫，安知国忠反谋？”高力士曰:“贵妃诚无罪，然将士已杀国忠，而贵妃在陛下左右，岂敢自安！愿陛下审思之，将士（心）安则陛下（平）安矣。”上乃命（高）力士引（杨）贵妃于佛堂，缢杀之。与尸置驿庭，召（陈）玄礼等入视之。

绞死杨贵妃并非唐玄宗本意，只是在那个时刻，到底爱美人还是爱江山这个千古话题，说到底在死亡面前君主还是最爱自己吧。

长生殿◎此恨绵绵无绝期

安禄山也就在职干了一年的皇帝，到了757年1月就因为内部夺权矛盾，被儿子伙同宦官李猪儿在床上“开膛破肚”，死在床榻之上。

史思明则是个彻底的“墙头草”，身为唐朝的“重臣”，先是伙同安禄山造反，这是一叛；然后在安禄山死后，身为造反队伍的“重臣”，又被唐玄宗的儿子唐肃宗“招安”，这是二叛；好不容易“拨乱反正”了吧，结果“招安”过程又“外示顺命，内实通贼”再复叛，这是三叛；你复叛也行，一条心就干到底也是个英雄，没想到他却杀了安禄山的儿子自己当了“大燕皇帝”，这是四叛！

于是老天爷都看不过眼了，终于“天网恢恢，疏而不漏”，公元761年，这次轮到史思明被自己的儿子篡位谋杀，直到公元763年史思明的儿子战败自缢身亡，这场历经7年2个月的“安史之乱”终于消停了。

但是这场战乱让“开元盛世”的唐朝遭遇了空前的浩劫。《旧唐书·郭子仪传》记载：“宫室焚烧，十不存一，百曹荒废……既乏军储，又鲜人力。东至郑、汴，达于徐方，北至覃、怀，经于相土，为人烟断绝，千里萧条。”而诸侯割据的状况并没有被抑制，反而越来越多的地区“自补官吏，不输王

赋”或“贡献不入于朝廷”，终于让史上最强盛的唐朝帝国走向了衰亡的末路。

在安禄山被儿子杀死那年，也就是公元757年，长安被唐军收复，唐玄宗也得以结束了凄惨的逃亡生活，以72岁的高龄回到了长安故里。至此，大权旁落，退居二线的唐玄宗，作为“太上皇”只能以对往事进行回忆和缅怀，作为人生的消遣。

原来的江山，是儿子的了；原来的美人们，都已经成为回忆中的片段。从很多史书的记载上可以得知，唐玄宗在这段风烛残年的最后时光里，过得相当不愉快。唐玄宗回到长安的时候，还想把杨贵妃的遗体移回来进行祭供。很明显，大家都懒得理这只落毛的凤凰。

于是唐玄宗只能让人画了贵妃的像挂在殿中，朝夕相伴。而宫中的一草、一木、一房、一院都残留着伊人的倩影，实在是让人触景伤情，睹物思人。“芙蓉如画柳如眉，对此如何不垂泪……夕殿萤飞思悄然，残灯挑尽未成眠……天长地久有时尽，此恨绵绵无绝期。”玄宗也就是在这样孤独伤感的思念中，日渐衰老，几年后追随贵妃而去了。

从唐玄宗来说，虽然伊人没有留在人间，但是江山总算保住了；从杨贵妃来说，她永远不会“失宠”，也算最后为这段凄美的爱情画下了完美的句号，各得其所了。

名士自风流

锦江滑腻峨眉秀，
幻出文君与薛涛。
言语巧偷鹦鹉舌，
文章分得凤凰毛。
纷纷词客皆停笔，
个个君侯欲梦刀。
别后相思隔烟水，
菖蒲花发五云高。

——唐·元稹《寄赠薛涛》

“风流才子”，风流的不一定是才子，但是能自誉为才子的男人，大多眼光高，品味足，遇到喜欢自己的女人自然也不少。尤其是那些有点才艺又有点相貌家底的男人，千万小心再小心，因为，他们往往觉得自己市场很广阔，

不愿意轻易吊死在一棵树上，你很可能只是他骑驴找马的一匹“驴子”。

男人和女人对待爱情的不同出自于天性：“男人因为性而爱，女人因为爱而性。”说白了，男人一大堆的甜言蜜语，鲜花、美酒、饭局，其实就是为了最后那么件事；而女人肯和一个男人上床，往往是因为心理依赖，进而期待和男人分享今后的稳定生活，这就造成了一个时间差问题：男人在达到目的后往往就止步了，而女人才刚刚开始。

家事贫◎自荐风尘

能投胎到一个好人家，那是生来的福分。很多人奋斗一辈子，最后的成果不一定比得上人家一个好出身。譬如，皇族成员生下来就入“玉碟”（宗谱），当官的、贵族列为“士籍”，普通人称为“民籍”。另外，当兵的“兵籍”，商人的“商籍”，匠人的“匠籍”，妓女的“乐籍”，合称“贱籍”，而“乐籍”为“贱籍”中的最贱，所以对那些农民起义者发出的“王侯将相，宁有种乎”的宣言很是感叹。

什么是乐籍呢？也就是“官妓”。这算是封建社会对官员们的一种政府福利吧。很多朝代都明文禁止官老爷到民间嫖妓，但是官老爷工作之余也要有个应酬的地方，于是就增加了

“官妓”这个娱乐项目，入“乐籍”的人大都是罪民、战俘等群体的妻女及其后代，这就是古代君主腹黑的地方。

中国历史上的妓女主要分宫妓、营妓、官妓、家妓和民妓五类。宫妓服务于皇帝，营妓服务于军官和士兵，官妓服务于各级地方官员，家妓是达官贵人家庭供养用于相互应酬，而民妓，可能更接近于今天人们所理解的妓女，活跃于民间，“服务”于社会。前三类由国家财政统一供养，虽然地位卑贱，生活却很优裕；后两类在体制外生存，独立经营，自负盈亏。

薛涛就是这个体制底下的悲剧。薛涛是官宦家小姐的出身，没想到老爸在四川上任的时候去世了，只剩下老娘和自己，穷得没法混下去，虽因外貌和诗词闻名遐迩，但是名声没法当饭吃，只得在 16 岁的时候卖身入了乐籍，成了官妓。话说回来，官妓地位虽然很贱，但也不是想进就进，不但要美貌出众，还要懂得吟诗作画，否则只能混迹于家妓和民妓之中。

自己混入官妓中不要紧，以后生下来的孩子也属于这个行业里的从业人员，那就很麻烦了。所以很多“乐籍”的女子嫁人之前首先要“脱籍”，也就是“从良”，那可不是件容易的事情。除了钱以外，还要到政府部门进行报批改成“民籍”。

《名媛诗归》说：“（薛）涛八九岁知音律，其父一日坐庭中，指井梧示之曰：‘庭除一古桐，耸干入云中。’令（薛）涛续之，（薛涛）即应声曰‘枝迎南北鸟，叶送往来风。’父愀（耿）然（不快）久之。”小小年纪，才思之敏捷，可是这个下联却让父亲有不祥的预兆，恐其女儿今后沦为迎来送往的风尘

女子，没想到当真一语成谶。

当时官宦人家的女子，堕入花街柳巷者不是个别。《全唐诗》录诗一首的舞柘妓女，系“韦应物爱姬所生也，流落潭州，委身乐部。李翔见而怜之，于宾僚中选士嫁焉。”韦应物是盛唐诗人，少年时以三卫郎事玄宗，后为滁州、江州、苏州刺史，其女也不免堕入烟柳行列，总算有人帮忙脱离苦海，这才回归正常生活。

只可惜薛涛这个写出“花开不同赏，花落不同悲，欲问相思处，花开花落时”的奇女子，并无此幸运。虽然镇守蜀地的军政长官换了又换，虽然各个都抢着说喜欢她，欣赏她，写诗词称赞她，送她礼物表示爱意，就是没人想到要娶她，带她回家。也许这就是她最大的悲哀吧。

女校书◎管领春风

按理说，薛涛这样的女孩，又聪明又漂亮，完全可以嫁人，为什么 16 岁自甘卖入“乐籍”？我估计有两个原因，一个是因为家里老爸死了，没能给她留下什么嫁妆，一个是因为她终归是官宦小姐家出身，家里虽穷却满腹诗书，这样就形成了一个“高不成低不就”的落差：有点家庭背景和底子的男人，娶这样的女人为妻吧，嫌太穷，没有嫁妆也没有可依附的老岳父，弄不好连丈母娘也要帮忙养；那些不嫌薛涛家贫，想沾点书香气的农村富户，估计薛涛也不乐意把宝贵的生命浪费在一个不懂诗情画意的鲁莽男人之上。

做妓女还是嫁个蠢男人郁闷而死？在古代有严格的户口制度，有些朝代甚至不允许人民自由迁徙。女人是不能独立成户的，要么靠老爸，要么靠男人，要么靠某个机构，譬如乐坊。你没有户口，被查到是要坐牢或者遣送回原籍老家的。说到底，女人就是一件物品，要么隶属老爸，要么隶属老公。所以一旦变成寡妇，身上没有某个男人的“归属牌子”，于是很多男人都想来占便宜，反正也没有人跳出来喝止。

薛涛在成都入了“乐籍”，就成了官员们应酬场上的新鲜陪客了。小小年纪被当时的剑南节度使韦皋看中，欣赏她的诗词乐赋，不但叫她上门服务，还协助他招待来往宾客，顺带做点官府间的文字工作。一来二去，薛涛就成了这个比她大二十多岁的男人的小情人。

古代男人都有教女人念书的恶趣味，充分怀疑是为了造就女人对男人的崇拜感。薛涛不用教，那就让她做自己的“小秘”吧。热恋中的韦皋打算上书朝廷，为薛涛讨个秘书省“校书郎”的官衔。虽然这个突发奇想让府里几个幕僚死乞白赖给劝住了，但这件事还是传了出去，于是“女校书”的美名传遍了整个四川的娱乐文化界——这个“事件营销”还是非常成功的。

从此薛涛一举成为当地最出名的交际花，文人墨客以“一亲芳泽”为荣，送礼的送礼，写诗文的写诗文称赞，一时门前车水马龙，络绎不绝，风头无人能及。当然，这其中也包括了

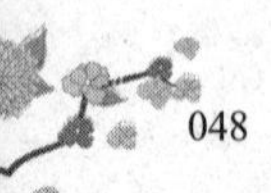

相当一部分想走韦皋“后门”的人。

这个时候的薛涛还是小姑娘一个，不太懂得做人需要收敛的道理：男人捧你出名是为了自己的面子，如果你因此而扫了他的面子，甚至脱离了他的控制，他会直接毁了你。于是789年，21岁的薛涛，被一纸贬书送往松洲做军妓，这是个多么可怕而可鄙的局面！此时薛涛才恍然大悟，自己只是一个靠男人出名的官妓，于是所有的才情化作了“十离诗”，认清自己玩物的身份，向韦皋认错。总算到松州之前，韦皋因为她“检讨”深刻把她召回身边，两个人继续之前的恩爱。只是在薛涛的心里，有些东西还是改变了吧。

也就是那一年，薛涛脱了“乐籍”，隐居在浣花溪旁。只是，这5年的“官妓”生涯，多多少少影响了她一生对感情的追求，最后导致终生未嫁。

遇知音◎徐娘半老

有句话其实很实在：“一日为妓，终身是娼”。就算你“洗净铅华，洗手作羹汤”，还是没办法改变烙在你身上“妓”的痕迹，也就是说，男人对你的态度始终无法和良家妇女等同起来。

薛涛隐居在浣花溪旁，以制造“薛涛笺”为生。这种以“浣花溪的水，木芙蓉的皮，芙蓉花的汁”做成的信笺，合适当时的文人墨客写诗词作为礼物进行互赠。记得我们小时候，也都用零花钱偷偷买过类似的，有着各种漂亮底纹图案的信纸，用自己歪歪扭扭的“童体”，珍藏着我们此生最纯净的记忆。

唐末韦庄有《乞彩笺歌》:“浣花溪上如花客，绿阁深藏人不识。留得溪头瑟瑟波，泼成纸上猩猩色。”写的就是薛涛在浣花溪制笺。薛涛名笺有十种颜色:深红、粉红、杏红、明黄、深青、浅青、深绿、浅绿、铜绿、残云。其中深红最为出名，也许在表面喧哗、内里孤寂的生活里，唯有这个颜色可以为她带来一点安慰吧。

薛涛遇到元稹那年，已经是42岁的“高龄”了。古代，很多这个年纪的女子，都可以做奶奶了。从薛涛“脱籍”到遇到元稹，已经有20年，也是一个女人最美丽的20年。多少文人墨客因名拜访，在浣花溪旁唱酬交往，让无名的浣花溪成为一处雅地。但是在这20年中，无论是元稹、白居易、张籍、王建、刘禹锡、杜牧、张祜这些脍炙人口的名人，还是四川十一任节度使，没有一个男人正视过她对家的渴望，愿意给她一个能分享自己未来的名分。当真是“千帆过尽皆不是”，唯余“肠断白蘋洲”。

实在没想到，一个能说出“曾经沧海难为水，除却巫山不是云。取次花丛懒回顾，半缘修道半缘君”的男人，个人的风流史却非常不堪。

元稹是以御史身份出使蜀地的，也就是我们经常说的京

官“下乡回访”。就是在这个“出差”期间，元稹遇到了薛涛。两人年龄上差了 11 岁，于是薛涛多少有些自卑，可是元稹会这样写：“风花日将老，佳期犹渺渺。不结同心人，空结同心草”——年龄不是问题，你我都有一颗爱诗词的心，而你，却是大唐开国以来最杰出的女诗人……薛涛听到了她想听到的话。于是他们相爱了，日日谈诗，夜夜游玩，42 岁的女诗人经历了自己的第二春。只是好日子并不长久，仅仅三个月就面临元稹“出差”返京的日子，一场轰轰烈烈的姐弟恋就此收场。

此时薛涛已经走向了人生的迟暮，遇到元稹这样的大才子，又能知情识趣，也许对于薛涛空白的人生是最后一个机会，于是这位沉溺在无限寂寞和疲倦中的女人做了最后一次努力，就产生了这场看起来荒唐，却非常真实的“黄昏恋”。只是没想到，元稹这棵金子般的“救命草”并没有产生浮木的效应，反而把薛涛彻底拖入了湖底。

候佳音◎南柯一梦

据唐朝人范摅《云溪友议》上叙述：元稹离蜀返京，“临途诀别，不敢挈（带）薛涛同行。洎登翰林，以诗寄曰：‘锦江滑腻峨嵋秀，幻出文君与薛涛。言语巧偷鹦鹉舌，文章分得凤凰毛。纷纷词客皆停笔，个个君侯欲梦刀。别后相思隔烟水，菖蒲花发五云高。’”

也就是说，两个人离开，连当面辞行的场景都没有。元稹跑路后，就写了首诗表达离意，先是恭维了薛涛的才情，然后表达了“虽然我们离得远，可是我们相互思念啊”的情感。

先让我们看看元稹的“大事记”：21 岁和崔莺莺相恋，始乱终弃，留下《西厢记》一书流传千古；24 岁以“低级官吏”的身份娶了三品大员太子少保韦夏卿的女儿韦丛；31 岁“出差”遇到薛涛，同居 3 个月后分手；同年妻子韦丛病逝，为妻子留下了“曾经沧海难为水，除却巫山不是云”的名句；33 岁纳妾安仙嫔，37 岁娶妻裴淑。42 岁入翰林，50 岁位至宰相很快就下岗，51 岁到武昌任节度使，52 岁死在任上。薛涛终于死了心，第二年也离开这个寂寞的世界。

纵观元稹这类男人的感情史，可以看到非常清晰的两条线索：一条是娶高门之妻，一条是在宦游途中与各地风流才女谈情说爱。当然，这样的路很多游宦的男人都走过，但是元稹的“过人”之处在于，他能令那些高贵典雅的婚礼和隐秘欢娱的情感并行而不相悖，他可以把彻底的欢娱马上置于脑后，恍若断水无痕。人们往往因其出色的文学才华原谅了“风流才子”的各种绯闻，却没有看到那些曾与他们情深似海的女人，在短暂的欢娱之后，无一例外地在蒙羞的寂寞中度过余生。

两个人分手之后，还保持着文墨的往来。只是寄来寄去，总归只是一纸信笺而已，而等不到相聚的一刻。薛涛在《赠远》诗中是这样描绘的：“知君未转秦关骑，日照千门掩袖啼。闺阁不知戎马事，月高还上望夫楼。”对于元稹，也许只是一

种应酬，而对于薛涛，唯有远望长安，掩袖悲叹，像所有盼望丈夫归来的妻子，在月缺月圆的时候，登楼寄托一份怀旧的哀思。

“如果你不爱我，我不会纠缠你。如果我不爱你，我不会耽误你”，也许这句话很残酷，但是长痛不如短痛。往往因为一方的暧昧，或者虚荣心作怪，让对方受了更多的罪。

估计元稹也曾在花前月下，信誓旦旦，表示自己回京城安顿好后，就会派人来成都接薛涛到京城团圆。没想到元稹离别薛涛之后，被朝廷到处派来派去，官无定所。这位比薛涛年轻了十多岁的男人，哪还能坚守得住爱情？于是元稹的移情别恋，成为了在所难免。十年之后，四十二岁的元稹官入翰林，踏入人生顺遂，只是此时的元稹，春风得意，如何能想起和远在成都五十三岁的薛涛团聚？说实话，就算在两人最相爱的时候，薛涛也没能牵绊住他，十多年分别之后就更无可能了。几经折腾，薛涛也明白“此事无可成追忆”，步入晚年的她，身着女冠服，深居简出，以制笺为生。

古井斜阳◎何处是校书门巷？

其实，古代对妻妾的身份有着非常严格的制度。“娶妻娶德，娶妾娶色”，妻子必须是良家闺秀，知书达理，婚后是当家主母，对内管理钱财、训练仆人包括那堆侍妾，对外负责官员女眷之间和家里各房亲戚的往来应酬；如果上有婆母，还要一早起来带着小妾们去请安，接受婆母的教训；如果下有孩子，包括小妾生的孩子，都要当成自己的孩子，养在身边，好好管教，不让他沾染小妾的坏习惯。这也是为什么养在主母身边的女孩子身份比养在小妾身边的能嫁得更高的原因。她随着主母长大，各方面的教养也会随着主母提高，甚至可以随着主母外出应酬，学习礼仪。

所以男人对妻子的要求非常严格，那些只会女红、琴艺的女孩被称为小家碧玉，真正的大家闺秀还要学习往来应酬、家庭开宴会的安排、看懂家庭账本，以及管理仆人、小老婆的各种技巧，这样“入得了厨房，出得了厅堂”的女孩子才能称为大家闺秀。这样的大家闺秀，再加上一份优厚的嫁妆、一个有权力的父兄家族，才能“一家有女百家求”。

男人对于妻子这个位置是非常重视的，娶个“有背景的老婆”可以少奋斗好些年！政治联姻在各个朝代都是惯用手段，娶个有钱没背景的女孩，是会影响男人前途的。而作为新媳妇，因为家庭背景没和官宦人家来往过，在应酬上没弄好，被背后的官太太官小姐们笑话，更会影响老公在官场上的名誉和前途。

薛涛的悲剧就在这里。出身官家，少了份背景和嫁妆，入了乐籍，于是连起码的名誉也没有了。要想那些“自视甚高”的才子娶你回家做妻子，基本是不可能的。做小妾，这么个大才女又低不下这个头。因为才华有了名，却丧失了做个普通女人最基本的幸福。

女性最大的向往就是有一个温柔的丈夫，一个健康的孩子。对于稳定生活的向往，是女人与生俱来的本性。可是不是所有的女人都有这样的运气，因为这样那样的原因，让女人不得不面对孤独，抛弃本性，孤独地生活在这个世界上，这需要经历怎样一种失望、希望、再失望的折磨，最后终于关上心扉，用理智强迫本性，放弃对家庭和爱人的奢求。

薛涛病逝之后，葬于现在成都望江公园附近，当时镇守成都的西川节度使文昌为她撰写了墓志。可惜到现在，薛涛墓和碑文都淹没在历史的长河中，惟有在晚唐诗人郑谷《蜀中三首》中，可以一窥当年薛涛墓地的景色："渚远江清碧簟纹，小桃花绕薛涛坟。"

事到如今，桃花不再，绿水依旧；墓地已渺，斯人永存。但愿彼岸花开，薛涛能抹去所有痛苦的回忆，在下辈子有个幸福而平凡的人生。

易求无价宝，难得有情郎

苦思搜诗灯下吟，
不眠长夜怕寒衾。
满庭木叶愁风起，
透幌纱窗惜月沈。
疏散未闲终遂愿，
盛衰空见本来心。
幽栖莫定梧桐处，
暮雀啾啾空绕林。

——唐·鱼幼微《冬夜寄温飞卿》

什么是初恋？是第一次心动？是第一个轻吻？还是第一次傻傻的表白？哪个才算？其实对于大多数的人来说，在那个懵懵懂懂的年代，根本谈不上什么是爱情的时候，初恋就不知不觉过去了。留下的，除了遗憾，还有一点茫然。

什么是最爱？是因为和他在一起的时间最长？是因为和他在一起最有激情？还是因为曾心心念念想要嫁给他，为他生个孩子？哪个才算？其实对于大多数人，在那个疯狂恋爱的年代，根本谈不上对爱的理解，最爱就不知不觉过去了。留下的，除了遗憾，只有当时执著的心。

“一个人总要走陌生的路，看陌生的风景，听陌生的歌，然后在某个不经意的瞬间，你会发现，原本费尽心机想要忘记的事情，真的就这么忘记了”，唯一留下的是当初用生命爱过的感觉。只是你给了我爱，却忘了给我幸福……

当你对爱情、对婚姻、对男人都了解了，对生活也有了更深刻认识的时候，最适合恋爱的日子也过去了，这才是生命最大的遗憾。

江边柳◎惊世才情

温庭筠，外号“温八叉”，据说他才思敏捷，在交叉八次手的时间内，就能做出锦绣文章。

只是我们这位才子只有智商没有情商，帮人代考已经是文人大忌，没想到对领导还不恭敬，遇到令狐宰相让他帮忙写点诗词撑撑场面，他写完后就洋洋得意地对旁人说：那个文章是我写的……最经典的是他碰到皇上微服出行，鼻孔朝天地问人家是不是长史司马之流的小官啊。这简直就是狗眼不识泰山，气得皇上给了他一个评价：你这样的人，品德不可取，文章再好也没用！然后贬出京城，到乡下去做个县尉，实在是小得不能再小的芝麻官。

一方面，温庭筠相貌奇丑，人称“温钟馗”。另一方面，他词句浓艳精巧，风格清新旖旎，多写女子闺情，被称为花间集的鼻祖，也因题材偏窄，被后人讥为“男子而作闺音”。

就是这样一个人，一个极度自卑和极度自傲的混合型奇才，也许因为他的恃才傲物、蔑视权贵而不讨喜，但他绝对不是个坏人——他只是不懂得在人情世故面前掩饰自己而已。他很蠢，也很纯，没法把自己和社会的标准等同起来，所以让人觉得格格不入。

鱼幼微呢？一首《赋得江边柳》，让这个10岁的女孩获得成名已久、年逾42岁的温庭筠青眼相加，收为徒弟，这该是怎样一名才女？11岁作《早秋》，温庭筠作《早秋山居》相和，直叫人咋舌，说实话，11岁就是我们小学快毕业的年纪，能让一个天下闻名的大才子和她一起作文章，简直难以想象，放眼我们现在的“童星”实在是粉饰太多，只重外表上的浮夸，却不是从内心里的一种知性成熟。

古人对于家庭，对于今后的人生，虽然思路很局限，但是目标相当清晰。女人，嫁人，生儿育女；男人，念书，光显门庭。虽然这样的人生选择不多，但因为没有太多的信息干扰，导致目标非常明确。

寄飞卿◎情窦初开

《冬夜寄温飞卿》是鱼幼微14岁的代表作，词句间已经能看出女孩子情窦初开的那点小心思。这对于46岁的温庭筠，这个仕途上一路走下坡路的男人，会不会带来一点点的温暖？只是，这点温暖是温庭筠不能承受的，越是珍视的，越是胆怯，越发不敢越雷池一步。于是来来回回的情谊，只能在彼此相和的诗词中体现，作为一种心灵上的呼应吧。

纵观鱼幼微短暂的一生，可以说和温庭筠的交往是最长的。从鱼幼微10岁到温庭筠死前，两人一直有书信往来或者诗词互赠。虽然后来鱼幼微为情所困，沉沦在人生的泥潭中无法自拔，但是我想，她心里始终有一块干净的地方是和温庭筠共同拥有的。这已经不仅仅是一种暧昧，更是一种依赖，一种因为感情失败，游戏人生之外的“救赎”。

说到诗词互赠，是一种文人的“心灵鸡汤”的游戏。你因感而发，我从你的诗句中读懂你的心，为此和上一首，而你也能从我的诗词中知道我始终是理解你的，支持你的，于是两个“独步”人世间的才子佳人，不再孤独，让心灵有一个交流、相互安慰的地方。

温柔是因为懂得，能想你所想，知道你的为难而不去为难你；温柔是因为坚强，能急你所急，知道你的压力而为你撑起一片天空。这和外貌无关，和职业无关。

这就是鱼幼微以及无数男人女人最大的悲剧。总是就硬件部分的华丽去推断软件部分的舒适，鞋子到底好不好，其实是由脚丫子决定的。无数拎着高跟鞋站在街头的女人，在下次选鞋的时候，依然会忘记当初的痛苦，只为幻想站在人前的那一瞬间，选择了一双并不适合自己的鞋。

小娇娘◎子安何在？

悲剧最终还是开演了，温鱼之间的“暧昧”仅仅只能称为花絮。我们真正的“白马王子”出场了……李亿，字子安，状元郎，官授补阙。无论从哪个方面看，温庭筠和李亿相比，硬件设施那是差一大截了。

所以，在温庭筠的撮合下，一对郎才女貌的新人成了眷属，在外人看来这恐怕是天作之合，唯一有一点点的遗憾，呃，李亿有老婆，所以我们的小鱼儿只能做妾了，一个14岁的妾。

当朝大诗人李商隐还为此写了首《为有》的诗，算作他给“晚辈”鱼幼微的新婚祝词：“为有云屏无限娇，凤城寒尽怕春宵。无端嫁得金龟婿，辜负香衾事早朝。”当时三品以上官员佩戴“黄金龟”，四品佩戴“白银龟”，五品佩戴“青铜龟”，

金龟婿之美名由此而来。只是李商隐没有想到，鱼幼微因为这段感情，最后的结局却是相当悲惨。

新婚燕尔的日子总是让人感觉飞快，鱼幼微接下来要面对的不是她的才情能处理得了的事情：李亿的正妻裴氏看到鱼幼微，二话不说，命令几名打手毒打她一顿，鱼幼微还不敢反抗，想以自己的低姿态来赢得正牌老婆的承认……怎一个“惨”字了得?

这个时候，最能帮她说话的李亿，在享受了温香软玉之后，这种贼心大、贼胆小的男人，在女人夹击与混战的硝烟里，遁了。于是在这个封建大家庭的牢笼里，感觉透不过气的小女人“离家出走”了。

新婚第二年的秋天，鱼幼微随着满城飘飞的黄叶，独自离开了长安前去江陵。很多时候，我们总觉得换个环境也许会好一点，孰料，躲得开人，躲不了心。一路的风尘美景，并没有淡化鱼幼微对渐行渐远的李亿的思念，《春情寄子安》《江陵愁望寄子安》《隔汉江寄子安》及《寄子安》……“虽恨独行冬尽日，终期相见月圆时。别君何物堪持赠，泪落晴光一首诗。”……不知道，李子安读到这些缠绵悱恻的诗句，可曾回复一语温存、半纸安慰呢？三年“大别”，从江陵回来的鱼幼微又面临着怎样的结局呢?

在来回考量自己政治前途的大前提下，李亿毅然把鱼幼微送进了咸宜观当道姑，还“安慰”她：先忍一忍，过段时间就接你回去。

咸宜观◎勘破“玄机”

一边是大老婆和她的家庭背景，直接关系到自己今后的官途，一边是除了美貌和才情啥也没有的“二奶”，孰重孰轻，一比而知。其实这就是李亿变相下了“休书”，只是顾念鱼幼微孤苦无依，真的休了回去，弄不好会流落街头，丢了自己的脸，于是弄个“收养所”收留她而已。

这段露水情缘也就维持了 4 年，鱼幼微“被弃”的时候才 18 岁。真是没有最糟，只有更糟，原本只因家贫嫁不了好人家，现在根本就是弃妇一名，无家可归。此时的鱼幼微，望着“咸宜观”的四壁，恐怕也明确了自己被弃的身份。在这段伤心的日子里，她写出了“易求无价宝，难得有情郎”的名句，说出了她内心的渴望。比较有意思的是，她还为这首诗额外撰写了一份取名为《寄李亿员外》赠送给李亿，多少也有分清瓜葛的意思，算是小才女的清高吧。]

从心心念念的“子安”到冠冕堂皇的“李亿员外”，是怎样的一种伤心和对往事的决裂。于是，鱼幼微不得不接受了命运的安排，去了咸阳宫取了个道号“玄机”。“玄机”一词来自于《道德经》的开篇：玄之又玄，众妙之门。只是，我们的鱼玄机，终其一生没能勘透这人生的玄机。

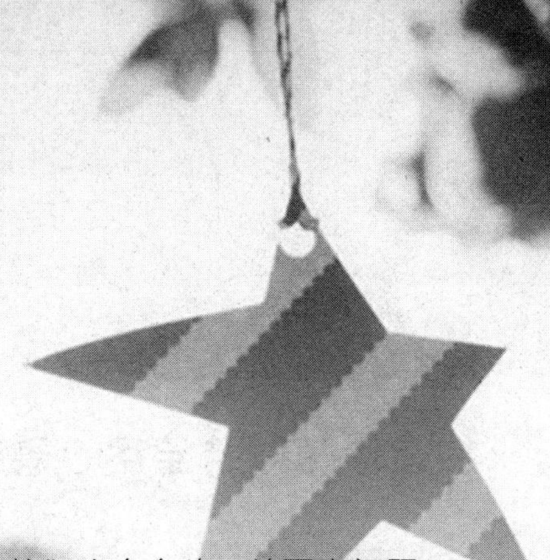

一个人只要存在“破罐子破摔”这个念头，就要出问题。鱼玄机的处境不妙，但当这位当朝状元的前小妾、知名美女作家，直接在道观门口贴了张广告：“鱼玄机诗文候教”，这种行为还是让人感到颇具现代感。这个行为立刻在长安男人之间引发了无限的遐想……

于是鱼玄机从一个泥潭滑向了另一个更深的泥潭。由于感情上的伤害，被抛弃的绝望，她成功“转型”了。一时之间，每个长安男人都为她而沸腾，她成为了整个长安交际场上的风向标。各种政界大鳄、超级富豪以及文艺才俊都成为她的座上客：他们为她的容貌倾倒，被她的才情折服，因她的大胆而沸腾！而鱼玄机呢，长得帅的、看得顺眼的人，她一高兴，就和对方吟吟诗、上上床；不顺眼的，一脚踢出去，关门放狗。人人以成为鱼玄机的“入幕之宾”为荣，每个人都希望在这个绚烂的泡沫里增加自己的光环。

人有趋恶的天性。一个人能不能控制好自己的欲望、控制好自己的脾气，甚至控制好自己的体重都是一种成熟的标志。对于大多数人来讲，面对浮华、虚荣、肉欲、暧昧总是无法抑制自己天性上的“热爱”。

彼岸花◎持竿尽日碧江

被光环笼罩的人无法看到世界正处于崩塌边缘。

既然有“入幕之宾”，自然也有失败者。而且估计以鱼玄机当时的态度，恐怕不会给对方留下情面，从而让对方成为整个长安的笑柄。于是因为你的“炫”，就会有人“恨”，能量总是守恒的。

当鱼玄机卷入“杀人案”的时候，那年她才 24 岁。关于这桩刑事案件的真相，说法不一。有人说是因为嫉妒，嫉妒侍女和他相好的男人有一腿，有人说是因为侍女顶撞她，骂她“淫佚”，结果鱼玄机大怒之下下了狠手。

在监狱里，我们的鱼才女还写了诗：“焚香登玉坛，端简礼金阙。明月照幽隙，清风开短襟。”对于这个不堪收拾的人生，她已梦醒。她想象自己是一个受伤的天使，因为折断翅膀而堕入人间的泥污，此时只想洗涤干净，安静回到仙台。而这一年也是温庭筠“流落而死”的那年，是不是这件事也刺激了鱼玄机，让她觉得结局已定，该重返仙班了呢？

“一切有为法，如梦幻泡影，如露亦如电，应作如是观。”要做到“空”，首先要将自己的心放得很低很低，明白自己只

是历史长河中的一点沙砾，从而正视自己的“小”。

一个人只有接受自己“小”的基础，才能成就一个“大”我。试想，如果你能活 1000 年，你会计较眼下这点利益得失吗？如果你把所有人生的挫折都认为是世界对你的磨炼，认为一切都是为一个“大”我而存在，那么你同样无须在意那一点点的苦难而视为是上天的赏赐。

更多时候，我们在苦难面前一味纠结自己的心态，是没有真正去了解老天爷的真实用意。

钗头凤断

红酥手，黄藤酒，
满园春色宫墙柳。
东风恶，欢情薄，
一杯愁绪，几年离索，
错、错、错。

春如旧，人空瘦，
泪痕红浥鲛绡透。
桃花落，闲池阁，
山盟虽在，锦书难托，
莫、莫、莫。

——宋·陆游《钗头凤》

古人以“孝”为大，孝顺父母几乎成为社会评判人品的标准，直接影响个人的前途、声誉和名望。“父母之命，媒妁之言”，为了让孩子达到父母设定的“美满人生”

的标准，父母粗暴干涉孩子的感情生活，而孩子为了个“孝”字，不得不交付出终生的幸福。

现代社会的父母已经表现得不那么明显了。不过依然有很多父母，因为对孩子的期望过高，导致对孩子小两口发出诸多抱怨，“众口铄金，积毁销骨”让原本恩爱的夫妻变成了维护各自家庭的两派。很多原本可以维持下去的婚姻在父母的干涉和压力下分崩离析，可父母往往还没有意识到自己在孩子婚姻中所犯的错误，甚至在孩子的第二段婚姻中继续施压。

东风恶◎欢情太薄

陆游出生在一个殷实的书香世家，唐婉和他青梅竹马。唐婉自幼文静灵秀，和陆游情投意合。长大后，两人都擅长诗词，花前月下，你来我往，真正是天造一对、地设一双的璧人。于是陆家以家传凤钗为信物，定下了两人的亲事。结婚以后，两人更是蜜里调油，把什么功名利禄、科举学业统统置于九霄云外，一味沉醉在两人的世界里。

这样的美满，让婆婆不和谐了：儿子一天到晚都粘着媳妇，把考取功名的大事置于脑后，这不是红颜祸水吗？汗，这个婆婆也太难伺候了……难道你希望小两口每天吵架打架才好？当然，从历史上看，这个婆婆还是很有先见之明的，据说苏格拉底之所以成为哲学家，就是因为家有“悍妇”，逼得没法呆在家里，只能一天到晚跑到广场上和人聊天，聊着聊着就成哲学家了。

为了印证唐婉的“扫帚星”的身份，唐婉的婆婆跑去庙里帮儿子求了一卦。要知道，算卦的人都是以看人脸色为看家本领，一看她婆婆这副穷凶极恶的样子，就明白她此行而来的目的，于是毫无悬念地“算出”唐婉是克夫的命。婆婆再次坚定了自己的先见之明，急忙赶到家中，让陆游“速修一纸休书，将唐婉休弃，否则老娘与之同尽”。这件事如同晴天霹雳，震得陆游魂飞云外。但是现实情况已经这样，就算小两口万般不舍，迫于“孝”字当头，陆游也只能把唐婉送回娘家。一开始陆游还偷偷跑出去和唐婉见个面，互诉一下衷肠。没想陆母快刀斩乱麻，很快就为陆游另娶了王氏为妻，彻底隔绝了两个人之间的悠悠情思。

空悲切◎锦书难托

当然，从后人的角度来说，我们还是要感谢陆游的母亲的，如果没有陆游的母亲，我们很可能就失去了陆游这位伟大的诗人，泡在蜜罐子里的小情人是写不出“山重水复疑无路，柳暗花明又一村”这样的词句的，所以有失有得。

陆游再婚的第二年就添了个孩子。陆游一生有七子一女，

这就是说，陆游一边不断地怀念唐婉，一边不断地和其他女人生孩子……也许从男人的角度来说这无不可，可从女人的角度来说，就有点难以接受了。唐婉死得早，也许没看到这个情况，续弦王氏可是陪着陆游活到70多岁，这让人情何以堪？——难道我就是那块传宗接代的泥巴地？

男人和女人的差别真的很大。女人无法把爱与性分开，爱与性不一致，迟早会反抗，唐婉的死就是一种反抗。可是男人不一样，男人可以把这性与爱分开，我怀疑这是老天爷的阴谋，用这种方法大大提高了人类的繁殖能力。

同年，唐婉再婚了，嫁的男人比陆游的门第还要高。这个男人名叫赵士程，赵在宋朝是大姓，属于皇室后裔。最重要的还不是门面的问题，赵士程算是古代难得的宽厚重情之人。赵士程表现出对唐婉极大的包容，表现了一个男人对一个受过伤害的女人最大的诚挚和谅解，算是老天给予唐婉饱受创伤心灵一个喘息的机会吧。

赵士程的履历中，除了和唐婉这段经历以外，居然没有太多的个人描述，似乎如果不是他遇到唐婉，不是因为陆游和唐婉之间的凄美爱情故事，就会和陆游的续弦王氏一样，泯灭在历史的汪洋里。这两个配角在这段凄惨美丽的爱情剧中的演出戏份并不多，几乎快成了背景色。可他们都是活生生的人啊，一个为陆游生了这么多孩子，一个为唐婉终生未娶，他们就注定为这场其实早已逝去的爱情陪葬？

不出陆母所料，陆游果然消停了：心爱的老婆也嫁人了，自己老婆也生孩子了，于是收心，在老娘的严格管教之下好好念书，出人头地。三年之后，陆游离家游学，慢慢在仕途上混出了点名堂。只是没想到在远离家乡的绍兴，春游时候，竟误入“沈园”深处，惊起了“一滩鸥鹭”。老情人“愁”别重逢，却早已君有妇，妾有郎，咫尺变天涯。

永远到底有多远？很多时候只是隔着层薄薄的空气。泪眼相望，愁肠千转，却成了彼此不可触摸的心花。怪不得陆游当即发了个很大的感慨，这就是所谓的“山盟虽在，锦书难托”。

泪痕残◎生离死别

对于陆游来说，当时一时感慨在“沈园”的粉墙上留下了“钗头凤”一词，千古流传，然后……继续生他的孩子做他的官去了……可是唐婉就不行，女人总是比较脆弱的，于是就“忧郁”了，情绪差容易导致抵抗力下降，于是一场小小的风寒就去世了……红颜多薄命，放着手边赵士程这样的男人不好好珍惜，却念念不忘已成过去的陆游，最后郁郁而终。

陆游和唐婉偶遇“沈园”，第二年唐婉病逝，第三年陆游参加进士考试，名列第一。因为他名在秦桧之孙秦埙的前头，所以在复试的时候，被秦桧除名。

总算熬了三年，秦桧“挂”了，陆游出头了，开始踏足官场，五年后做了福建省一个县的秘书——是不是这样就可以把

“民”籍改成“士”籍呢？为了这么个小破官，让无数的读书人奋不顾身，抛家弃子也在所不惜。

没想到这个辛辛苦苦弄来的官，没到五年就让陆游给弄丢了。就为了南宋要不要打仗这个问题，39岁的陆游罢官回家卖红薯去了。9年后，陆游成了四川宣抚使王炎的幕府，开始投身军旅的生活。魏徵有句话“中原初逐鹿，投笔事戎轩”，说的就是这么个意思。国家有难，匹夫有责，就算一个读书人，也应该报效祖国。俗话说“秀才造反十年不起”，文人喜欢动嘴，光靠写诗抨击就能打败异族的统治者？简直就是做梦，要知道元朝人都是马上的英雄。

“千年史册耻无名，一片丹心报天子。”这就是陆游当时的心理写照吧。可惜南宋的天子如同烂泥扶不上壁，彻底被元朝的铁骑打怕了，不过也是，当时的元朝拥有中国历史上最大的版图，成吉思汗的铁骑一直打到了“多瑙河”。这岂是南宋的“西湖歌舞”所能抵挡的？

仕途尽◎梦游沈园

淳熙五年的时候，陆游因为所作的诗作而名声大噪，并且受到了孝宗的接见。然而，就算是孝宗赏识陆游，亲自接见，也并未能够真心对待陆游，安排给陆游的差事也都是些无关痛痒的小事情。六年的做官期间，陆游几乎就是有名无分，得到的提升，仅仅是从福州到江西地理位置的改变，所做的依旧是茶盐的小事情，但是一心想要做一番事业的陆游却仍旧乐在其中。小事又如何？在第六年的十二月，转到抚州。

这时的陆游也做了一些颇有意义的事情。一边竭尽智慧，努力把茶盐事情做好，但是，咱们的陆游毕竟还是感性思维，不怎么具备商业头脑，于是，在他的处理之下，茶盐商户开始破产，竭尽力气的陆游却是吃力不讨好，茶盐商户们不断地进行抗议和闹事，陆游受到了巨大的压力，在这样的情况下，陆游怎么办呢？于是他不得不实行私贩，以及每天处理各种闹事事宜；另外，陆游具备的正义与爱民的思想，使得他面对不法官吏的做法，痛恶至极，不断地向朝廷进行反映，帮助民众们博取利益。虽然陆游的商业做法不怎么灵光，但是，陆游的爱民之心还是值得敬畏的。

可是，上天却不怎么照应陆游，他所在的抚州可以说是灾难重重，淳熙七年春，遭遇了极大的旱灾，到了五月之时，又突降暴雨，大片的洪水使得百姓们粮食受损，民不聊生。在这样的情势之下，陆游有感而发，写下“嘉禾如焚稗草青，沉忧耿耿欲忘生。钧天九奏箫韶乐，未抵虚檐泻雨声”的诗句，并且不断地向朝廷进行上奏，上奏的文字也是颇具诗人风范——“拨义仓赈济，檄诸郡发粟以予民”。

对于陆游，朝廷本来也没有太过重视，因此没有及时进行回复，但是，灾区人民又处在水深火热之中，于是陆游便先将义粮拨给了灾区，解了燃眉之急，之后更是去各地视察，拨送

粮食，使得灾情得到控制。但是这样的做法却使得朝廷的利益受到损失，朝廷利益都受损了，怎么还会让你在那里做官？于是在十一月份的时候被召回京城。临走时，刻印了一本《陆氏续集验方》，里面记录了其游历四方的100多个药方，把此书送给了江西人民。

不料，在归京的路途之中，却遭遇意外，被给予了“擅权”的罪名，被贬职还乡。于是，陆游在莫名其妙之中，被安插罪名，使得官路也在此告一段落。

这一罢就是六年，罢官了便无事可做，于是六年以来，陆游都一直处于家中，无所事事。可是呢，上天的心情就是这么琢磨不透，有阴也会有晴，再之后，又奇迹般地迎来人生的第二次仕途，可是又戏剧性地再一次被冠予“擅权”的罪名，再次被贬职。不得不说，陆游的仕途不仅坎坷，而且充满了各种莫名其妙的罪名缘由。

而之后，也并没有一帆风顺，依旧是一波三折。淳熙十五年，在严州任职期满后又返回家乡，之后被任为临安军器少监。当时的朝廷赋税严重，百姓生活困苦，陆游频繁上书，却屡受挫折，更是被以“嘲咏风月”的莫名罪名下令罢官，让人百思不得其解。

此时的陆游，在政治生涯上已经屡受挫败，郁郁不得志的他也渐渐看清了朝廷的本质。本来想要以此忘记爱情，忘记唐婉，在官场上做出一番事业。不料却是事与愿违，政治上的不断失意，使得他内心愈发牵挂唐婉。之后的陆游，在各地漂泊，然而，越是想要离家乡远一点，思念之情就越发浓烈，越来越挂念唐婉。

思念之情与日俱增的陆游，终究抵不住内心的想法。于是，他选择了回去，回到那个他曾经与唐婉生活过的地方。可是，已经过了这么久，当他回去之后才发现，一切都已经变了模样，早已物是人非。

然而，在这个满是回忆的地方，看到的每一个熟悉场景、每一件熟悉事物，都会让他想到唐婉，想起往事，心生惆怅。为了转换心情，青山绿水之处，成了陆游的选择之地，酒也成了必不可少的消愁之物。

我们经常羡慕的不期而遇的场景，此刻发生了。当时正值春日，百花齐放，陆游漫步到了清心雅俗的沈园之中。然而正在他赏花的时候，却看到了从对面走来的女子。陆游觉得有些熟悉，于是往前一步，眼神刚好与抬头的女子相撞，时光在那一刻凝固。

出现在陆游眼前的，正是他心心念念的唐婉。然而，这么多年的阔别，却早已使得两人心中百感交集，如做梦一般。思念、怨恨、牵挂，种种的情绪在两人眼中交汇着。

这么多年，陆游经历了无数的事情，唐婉又何尝不是。在唐婉当时遭遇陆游的感情挫折之时，赵士程对她关心有加，并照顾细致。对于任何一个女人来说，在心理遭受挫折之时，有这样一位温柔体贴的男子陪在身边，都会逐渐被吸引，更何况

是知书达理、家世显赫却待人温婉的赵士程呢？在这些方面，我们的陆诗人真的是处于下风了。

于是，唐婉便答应了赵士程的求婚，两人结为夫妻。这么多年之后，突然的相遇，使得没有任何准备的唐婉，一下不知所措。陆游对唐婉的思念也是如洪水般汹涌而至。两人就这样久久地看着，直到唐婉抬脚离开。

因为这次游沈园，是唐婉与赵士程一同前来的，而赵士程正在不远处等着唐婉过去吃饭。理清现实之后的唐婉，于是便抬脚离开。只剩下陆游，仿佛还沉浸在这一瞬间之中，无法回神，就那样呆呆地站在花丛之中。

晃回神之后的陆游，急忙去寻找唐婉。追寻到唐婉的时候，却看到了正在吃饭的两人。而那一幕在很多年前，是那么的熟悉，与唐婉一起吃饭的场景便涌出脑海。只是，坐在唐婉身边的人已经不是自己，这一幕使得陆游心碎不已。可是这一幕，难道不是自己造成的吗？恍惚不已的陆游便提笔写下了“钗头凤”。

终相遇◎奈何桥上等千年

唐婉，是一个有才的情义女子，这样的一个女子，与陆游可以说是天作之合。但是，却被世俗毁灭。之后，虽然又遇到了赵士程，但是陆游却早已在她心灵深处，初恋毕竟是刻骨铭心的，不是吗？陆游的那首题词，被唐婉看到之后，更是难以平静，将唐婉好不容易恢复平静的生活再次打乱。在这样的折磨之下，唐婉郁郁寡欢，最终在疾病中结束了生命。我们现代人虽不至于像唐婉身体那般脆弱，但是，站在女人的角度上，那么至深的一段情感，给心理造成的影响与追忆，肯定是会萦绕一生的吧。

而就是这样的一个女子，唯一留下的，便只是给陆游的回信，唐婉亲笔写的另一首《钗头凤》："世情薄，人情恶。雨送黄昏花易落。晓风干，泪痕残。欲笺心事，独语斜阑。难、难、难。人成各，今非昨。病魂尝似秋千索。角声寒，夜阑珊。怕人寻问，咽泪装欢。瞒、瞒、瞒。"

唐婉去世，而陆游也到了垂暮之年。在漂泊一生，屡受挫折之后，他内心深处追忆的，仍旧是唐婉，与唐婉在沈园相遇的那一刻，也成了他脑海中挥之不去的美好场景。因此，对于沈园，他留下了许多词句，一句一句都是内心所想，都与唐婉深深相关。

之后，世事变化，沈园也是不断更换主人，不仅人非，风景也不胜从前了。85 岁的陆游，在采药之时，体力终究不支，便在沈园小住，凭借往昔的记忆，将沈园做了一番整顿，竟也逐渐恢复了原来的样子。此时的陆游写下了他对于沈园的最后一首诗：

沈家园里花如锦，半是当年识放翁。
也信美人终作土，不堪幽梦太匆匆。

写完不久之后，陆游便去世了。陆游与唐婉，刻骨铭心的爱情，虽然经过了种种的变故，一个漂泊他乡，一个嫁作他人，然而，在命运巧合之下的再相见，或许是两人心中的愿望成真，或许是两人之间注定的缘分，不论是哪种，都让我们看到了他们内心的深爱。或许结果不是那么的美好，但是，那关于沈园的回忆，关于沈园的诗，或许最能够让我们体会到陆游的心。

半路情缘

乌鹊桥头夜话，樱桃花下春愁。
廉纤细雨绿杨舟，画阁玉人垂手。
红袖盈盈粉泪，青山剪剪明眸。
今宵好梦倩谁收，一枕别时残酒。

——吴梅村《西江月·咏别》

江淹曾说：“黯然销魂者，唯别而已矣！”一世爱恨痴嗔，只换得折柳对望，送别的话却哽在喉头。秦淮八艳里的卞玉京，江左三大家中的吴伟业，他们本能过上只羡鸳鸯不羡仙的美满生活，但世间不如意之事十有八九，不管是红粉佳人，还是风流雅士，只宿命二字，便让他们生生远离了彼此，即使此生再圆满，也终有遗憾。颠沛流离的爱情被一字一字吟成哀婉的歌，这便是宿命的选择。

彼此深爱，并不一定要朝夕相对，仅是一个流转的眼

波，即使处于万般凶险之境，也会安心。明朝覆亡之后，吴伟业的境遇越来越不如意，甚至还有性命之忧。与其让卞玉京吃苦受累一辈子，还不如就此了断，使她在乱世中得以保存。

离开吴伟业之后，卞玉京委身于吴中富户，而后与妙手回春的郑钦谕成为蓝颜知己。虽然那时候吴伟业十分窘迫，但依旧时时在金钱上帮助卞玉京。问世间情为何物，只叫人生死相许？

在宿命里挣扎的两人虽未能相守，但命运总是喜欢开玩笑，等尘埃落定，历经磨难的两人才真正实现了灵魂的相守，只一首情诗，便抵得上万千细密绵长的亲吻。二十多年的相知相惜，虽聚少离多，但他们的心却是永远契合在一起的。

惊才情◎落笔行云

吴伟业的家族世代书香，他十四岁之时便能写出传世之作。少年时拜张溥为师，张溥十分看重他。崇祯初登大宝，张溥以东林党后继的身份主张成立复社。在当时，复社是社会上颇有影响的政治团体和文学团体，吴伟业便是复社中的“十哲”之一。

卞玉京本名是卞赛，也有人称卞赛赛，自号云裳。她本是官家小姐，由于父亲离世早，三餐无以为继，便与妹妹卞敏一起倚楼卖笑为生，姐妹俩红遍秦淮，但卞玉京更胜妹妹一筹。当时巷间传："酒垆寻卞赛，花底出陈圆。"秦淮八艳也有卞玉京的一席之地。而后卞玉京闭门修道，自号"玉京道人"，因此，人们也称她为卞玉京。

卞玉京精通琴棋书画，尤擅画，她画的兰花堪称一绝。她本也是生性高洁的女子，住所分外洁净，便有人戏言："爱洁无如卞玉京。"卞玉京虽沦落风尘，但"日与佳墨良纸相映彻"。

二九年华的卞玉京居于虎丘，是吴门的常客，常年在苏州与秦淮中穿梭，她是秦淮河畔有名的歌妓。卞玉京的声名与同时期的顾眉、柳如是一般无二。从某种程度上说，这三人的声名与显赫一时的江左三大家相比毫不逊色。

卞玉京是秦淮河畔的名妓，因此对于普通的客人，她总是不愿多说话，可若是碰上知音人，她便滔滔不绝。她才貌双全，文思敏捷。与知音谈话间，久负盛名的卞玉京眼波流转处偶有哀怨，但当知音相询时，她却又总能谈笑嫣然，避而不答。她的明慧，她的灵动，即使是骚客文人也不及一二。她曾画了一幅自画像，画成之后题诗一首："沙鸥同住水云乡，不记荷花几度香。颇怪麻姑太多事，犹知人世有沧桑。"诗情深处密密匝匝全是对身世零落之叹。

卞玉京的初恋是王竹轩。他风流倜傥，文思斐然，但却生在卞玉京的世仇之家。卞玉京因王竹轩的身世耿耿于怀，一时

情动之后便立即提笔用小楷誊写了一篇《道德经》，亲手赠予了王竹轩，从此恩怨两相绝。

崇祯十四年春，被任命为南京国子监司的吴伟业登临胜楚楼，胜楚楼坐落在南京水西门之外，吴伟业在此为赴任成都知府的大哥吴志衍饯别。也正是在此地，他相识了同为送别而来的卞玉京与卞敏这对姐妹花。

席间，卞玉京在纸扇上亲题一首七绝诗，以此为临别之礼："剪烛巴山别思遥，送君兰楫渡江皋。愿将一幅潇湘种，寄与春风问薛涛。"卞玉京钟灵毓秀，气质高雅，再加上眼里隐约的那几分忧伤，让吴伟业一见倾心。

虽然从外表上看，吴伟业是正统安分的雅客，但他骨子里却是个不安分的主。可以说正是他这种性格，最终造成了他与卞玉京两人的爱情悲剧。

而卞玉京也对吴伟业这位久负盛名的江南才子动了真情，生性冷然的卞玉京将自己的自尊和孤高全都抛开，怀抱着一颗赤诚之心，对一见倾心的吴伟业倾诉了衷情，并表示愿意生死相许。

这在等级制度森严的封建时期，绝对是前无古人后无来者的行为。由此可见，卞玉京对吴伟业真真是喜欢到了极点。她毫不做作的直率性格震撼了席间所有的宾客。

传心思◎长叹凝睇

卞玉京许了一世的柔情，吴伟业或许心喜，或许心忧，可能只等吴伟业一颔首，这便是一段风流佳话。但这吴伟业既没有立时相受，也没有悍然拒绝，却是自作聪明，走了一招“妙”棋：装傻充愣。吴伟业把这个在爱情里极为忌讳的手段玩弄得炉火纯青，“固为若弗解者”，便是再三装作不明卞玉京的示爱。

卞玉京虽沦落风尘，但却心比天高。她对吴伟业一见倾心，爱情使她放下女儿家的矜持，向吴伟业倾吐爱意。但卞玉京绝不是纠缠不清的糊涂女子，吴伟业的推脱她全看在眼里，但她却不说破，只一声叹息，未多说一句。

其实，当时的吴伟业定然对卞玉京动了情，在之后他的许多诗作中都能看得出来。再细究卞玉京的性格，如若当时吴伟业没有对卞玉京做出思慕的暗示，或者一首诗，或者一个眼神，那么，卞玉京引他为知音人则很有可能，但若是生死相许这样的大事却定然是不可能的。

按理说，吴伟业与卞玉京是郎有情妾有意，但为何到了诉衷肠之时，吴伟业却愣是揣着明白装糊涂呢？自始至终，吴伟业都未曾对此做过任何解释。

吴伟业始终未曾回应卞玉京的感情，就在他准备离开南京城的前一晚，卞玉京乘着小船，以笛子倾诉衷情，但吴伟业最终还是残忍地保持沉默。此时的卞玉京终于悟透了，身份卑下的她终究是不会与寻常女子一般得到美满幸福的爱情，此后，她便游离于秦淮河畔，与世家公子随俗应酬。

时隔两年，吴伟业送别友人吴继善去成都任职，34 岁的他路过苏州之时，再次与卞玉京相遇。两年时间足以使卞玉京成长为“知书工小楷，能画兰，能琴……双眸泓然，日与佳墨良纸相映彻”的明媚女子，她再也不是秦淮河畔那个懵懵懂懂的小丫头了。吴伟业陷进卞玉京的软玉温香里不能自拔，他不仅得到了极大的身体愉悦感，而且还与卞玉京灵魂相契，让这个一直在宦海沉浮的疲累男人找到了精神寄托之地，继而乐不思蜀。

可是，秦淮河畔的夜夜笙歌，美人眼眸深处的温情，全都是虚梦一场，当真的人只能遗憾收场。吴伟业虽在官场打拼多年，但他出生之时家道已然中落，“衰门贫约”。若让他为卞玉京拿出几千两银子赎身，这绝不是他能承担的。他并不能与那些资财万贯的名士一样，诸如龚鼎孳、冒辟疆、钱谦益之流，谈笑间挥掷千金为心爱之人赎身。

再者，以当时的风气，文人雅客将青楼名妓纳为姬妾，是社会舆论所不能容忍的。若吴伟业执意迎娶卞玉京，那么他必定要承担来自家族和乡邻的舆论压力。

吴伟业已经在卞玉京心里留下痕迹了，但为什么偏偏是吴伟业呢？他终究只是万千士子中不起眼的那一个。若说他丝毫没有对卞玉京动情，这是虚言，但若是硬要他为这份感情付出高昂的代价之时，他出不起。卞玉京为他带来的抚慰，终究只是他在黑暗的朋党之争中得以喘息的小小慰藉。

若要深究，这份感情未能修成正果，也有卞玉京的一份责任。吴伟业毕竟是凡夫俗子，在思量了所有相爱的后果之后，对于佳人的示爱，他毅然决然选择装傻充愣，这情有可原。但若此时，卞玉京肯再对吴伟业施加点压力，从吴伟业的脾性来看，两人双宿双飞也是极有可能的。其实，像卞玉京这样沦落风尘的女子若想从良，没有过硬的心机和手腕，那是万万成不了事的。可卞玉京虽在风尘里打滚多年，但终究只是一个涉世未深的小女子，更何况她还有她的骄傲和清高。对于吴伟业的推诿，卞玉京“长叹凝睇，后亦竟弗复言”。这一段爱情佳话，便因为两人的怯懦烟消云散。唯一留下的便是当年两人临别时吴伟业题的那首《西江月·咏别》：

> “乌鹊桥头夜话，樱桃花下春愁。廉纤细雨绿杨舟，画阁玉人垂手。红袖盈盈粉泪，青山剪剪明眸。今宵好梦倩谁收，一枕别时残酒。”

遥相思◎琴述衷肠

崇祯十七年（1644年），正值烟花三月，李自成的大军攻下北京城，崇祯在煤山借着一根绳子归了西天。当时吴伟业在家中听得此讯，悲恸不已，亦想追随崇祯帝而去，却被家人所救。

五月，大病初愈的吴伟业任职弘光王朝少詹兼侍读，但他与阮大铖、马士英志趣相异，只两个月，他便慨叹“天下事不可为”，辞去了官职，回到家乡太仓，之后他一直隐居于此。顺治二年暮春之时，清攻陷南京城，弘光王朝覆亡。

时隔不久，朝廷便大肆征召歌姬，位列乐籍的女子都在其列，秦淮名妓卞玉京面临着“一入侯门深似海”的危机。

如果卞玉京与普通人家的女儿一般无二，身陷囹圄只会怨天尤人，接受宿命的安排，那么“卞玉京”这个名号绝不会流传到我们的耳朵里。

在这关乎性命的危急之时，卞玉京不愿就此成为屠戮明人的清廷的玩物，她凭借非凡的勇气和智慧，换上了一袭道袍，取了银钱和钟爱的琴，逃过清廷的耳目，准备渡江而走。

在江边，她乘着一艘自丹阳而来的船只，一直往东走，卞玉京就这样离开了秦淮河，脱离了她那颠沛流离的宿命。

卞玉京一走便是五年，杳无音讯，即使是吴伟业也不知佳人香踪何处。

顺治七年，卞玉京途经钱谦益的拂水山庄，受到了他的热情款待。吴伟业素与钱谦益交好，甚是明了吴伟业和卞玉京的情缘，便做主邀了吴伟业，想成全一对佳偶。秦淮一别，吴伟业心中对佳人念念不忘，思念成疾，他见到钱谦益的赴宴请柬，欣然而至。

但卞玉京却对吴伟业避而不见，只顾和柳如是在房内谈心。钱谦益好几次让下人去请，卞玉京均以梳妆为由拖延，而后又称身体抱恙，再觅良日去吴伟业府上拜访，一直到最后，吴伟业都未能得见佳人。

只一道帘幕，生生将两人隔了千里。吴伟业憾然长叹，心中涌现出无尽的悔恨和惆怅，他郁郁寡欢，提笔写了一首诗聊表相思，诗中“缘知薄幸逢应恨，恰便多情唤却羞”充斥着对爱情的追悔和遗憾。

这也是吴伟业《琴河感旧》四首名作的由来。吴伟业停笔之后，心中感慨万千：是我先负佳人，怨不得旁人！

时隔几月，正值初春，卞玉京抱琴与吴伟业约于虎丘，久别重逢的两人彼此诉说着往事。卞玉京身着黄色道袍，举止从容。她与吴伟业谈论清军攻陷南京城时的暴行，慨然道：“吾洎沦落分也，又复谁怨乎！”遂放下古琴为吴伟业奏了一曲。

卞玉京将所有的愁怨付诸古琴，一曲小调说尽了南京城被蹂躏的惨状，她哀叹：山河家国都已不复从前，而我个人的沦落又算得上什么呢？

她唱道："翦就黄絁来入道，携来绿绮诉婵娟。"虽说了婵娟，但却是将家国安危兴亡置于私人的情爱之上，卞玉京一曲弹尽了亡国之悲，黎民之苦。侧耳倾听的吴伟业被卞玉京的歌调震撼了，他提笔写下一首《听女道士卞玉京弹琴歌》，其基调苍凉，意境深远。

吴伟业与卞玉京自此之后再未相见，试想在卞玉京黯然转身之时，心中对吴伟业有多少遗憾和失望。

刺舌血◎法华经长

南明覆亡之后，吴伟业便深居简出，他并没有第二次自杀的勇气，也未曾与陈子龙一样与清廷抗衡，但他又不愿为清廷效力。他最终选择了做遗民，用他自己的方式来对抗清廷的统治。

那段时间里，经历了亡国之痛的他整日郁郁寡欢，创作了不少感怀家国的诗篇。他的诗作里充斥着国破的悲凉和感伤，他还深刻地分析了导致国家灭亡的各种社会矛盾，他对国家倾注的感情令世人动容。

可是，那时的清廷势力并不稳固，怎能容许像吴伟业这样一个名士的默然对抗？名望越盛，便越为清廷忌惮。吴伟业是当时享誉海外的雅士，因此清廷动用各种力量笼络他。

顺治十年，即1653年。江南的祸乱刚一结束，吴伟业便被吏部侍郎孙承泽力荐给清廷，谋了一个顾问的差事，而大学士陈名夏和礼部尚书陈之遴也出了不少力。

吴伟业为清廷效力之后没多久，卞玉京便戴上凤冠，穿上霞帔，与浙江的一户大家公子成了亲。若从时间上来看，这很可能是卞玉京对吴伟业失望至极所做出的反应。

但婚后的卞玉京并不幸福，或许她还未曾将吴伟业从心中剔除。没多久，她便让婢女柔柔作了她的替身，而她自己却投奔了名医郑保御。

郑保御已是古稀之年，是卞玉京所嫁之人的远亲。郑保御不仅是医人的好手，更是当时有名的雅士。他十分看中卞玉京的才情和品性，还专门为她建造庄院，并资助她不少银钱，使她能够安稳度日。

卞玉京终于能够安心修道了，她每日吃斋诵经，以清规戒律约束自己。她与郑保御成为忘年之交，以友情维系两人之间的关系。卞玉京对郑保御的知遇之恩感激不尽，试想，这世间有几人能如此欣赏她，引她为知己呢？

对他的恩德，她铭记于心。为此，她花费了三年的时间，用自己舌尖的鲜血将《法华经》誊写了一遍，赠予郑保御，以此报答他的恩德。

人们只知士可以为知己者死，却不知女子亦可为知己者死。这便是卞玉京的巾帼之风。历经感情的波折之后，她最终找到了一位能知她的蓝颜知己，纵然粉身碎骨又如何?

卞玉京属于弱柳扶风型的美女，但她身上却有一股男子的刚毅和果敢，着实让人心生敬佩。她命运多舛，却心比天高。她意欲托付终身的两个男人，却在最后将她伤得最深。宿命里有太多不堪，她除了修道避世，别无他途。

为遗憾◎缘知薄幸逢应恨

在北京任职的吴伟业只觅得一个国子监祭酒的闲差，他郁郁不得志。顺治十三年，他的第二位夫人郁氏离开人世，他心中愤懑，吟道："尔死顾得归，我留复为谁？"

不久，吴伟业的伯母因病逝世，他幼时过继给张氏，因此便向皇帝告假归乡，此时的吴伟业已无心为官。不几日，他收到了至交侯方域的死讯，吴伟业更为悲恸。

因病逝世的侯方域与他的感触颇为相似，侯方域也为自己往日所为耿耿于怀，整日郁郁寡欢，最终在三十七岁壮年之时憾然离世。此时的吴伟业想起了侯方域当初所言，提笔写道："生死总负侯嬴诺，欲滴椒浆泪满樽。"而侯方域也曾在《壮悔堂记》写道："壮果能悔，其尚愈诸，犹但恐余之不能悔也？"两人的悔恨颇有相似之处。然而，他们除了悲伤和无奈，还能做什么呢？

至此，吴伟业再也未曾涉足官场，但他因为自己委身清廷之事甚为介怀，甚至引为终生憾事。他曾写了一篇《自叹》：“误尽平生是一官，弃家容易变名难。松筠敢厌风霜苦，鱼鸟犹思天地宽。”

尔后，又以一篇《过淮阴有感》抒写感情：“浮生所欠止一死，尘世无由识九还。我本淮王旧鸡犬，不随仙去落人间。”临终之前他还未能释怀，他在《贺新郎·病中有感》一词中云：“故人慷慨多奇节，为当年沉吟不断，草间偷活。脱屣妻孥非易事，竟一钱不值何须说。人世事，几完缺？”

吴伟业所写的诗词中，有无声的解释，更有对无力抗衡的命运的慨叹。那是他入骨的遗憾和悔恨，是他在暗黑无涯的深海里漂流的哀号！

时光辗转十几年，卞玉京悄然离世，她走之前情绪极差，不知是否心中有憾？卞玉京的坟茔坐落在无锡惠山柢陀庵锦树林里。后世有途经此地的文人骚客，都会作诗悼念她。

康熙七年，吴伟业才到佳人墓前凭吊，年逾六十的他作了一首《过锦树林玉京道人墓并序》，以此作为他们爱情的终结。

时隔三年，吴伟业因病离世，弥留之际，他说：“吾一生际遇，万事忧危。无一刻不历艰难，无一刻不尝辛苦，实为天下第一大苦人。吾死后，敛以僧袍，葬我于邓尉，灵岩相近，墓前立一圆石，题曰诗人吴梅村之墓，勿作祠堂，勿乞铭于人。”听到这话的人都掩面拭泪。

他在临走前，还因亏欠卞玉京一事耿耿于怀，他依旧忘不了那个立于秦淮河畔的女子，便提笔写下《临终诗》：

忍死偷生廿载余，
而今罪孽怎消除。
受恩欠债须填补，
总比鸿毛也不如。

相传，乾隆在读到这首诗的时候都颔首三次，吟道：“梅村一卷足风流，往复披寻未肯休。秋水精神香雪句，西昆幽思杜陵秋。”

桃花扇终

绰约小天仙，生来十六年。
玉山半峰雪，瑶池一枝莲。
晚院香留客，春宵月伴眠。
临行娇无语，阿母在旁边。

——侯方域初次送李香君的诗词

从古至今，英雄义气几乎都是男人的故事。然而，在南明秦淮河畔，有这样的一位女子，突破世俗，满是义气，她的爱情也是千古传诵。

现在，说起爱情，几乎没有人不把之与金钱挂钩。恋爱、结婚、买车、买房、以后的一系列生计，全都需要金钱。不仅如此，在恋爱时期，也越来越讲求速配，在讲求效率的现今社会，各种相亲类栏目的走红，使得人们的爱情也出现了快餐式的消费。这一现象似乎从古代就已经开

始出现，在过去，说起爱情与婚姻，讲究的就是门当户对。地位、身份成为衡量一桩婚姻般不般配、幸福不幸福的标准，高于人们之间的情感。

只是现在的人们变得更加现实，爱情几乎成为了一个奢侈品。有多少个女人能够心甘情愿地嫁给一个穷小子，又有多少个穷小子能够承担起责任，给予自己心爱的女人一个幸福的未来，并为此打拼？更多的情况是，女人痛心地离开穷小子，嫁作他人妻；穷小子不忍给爱人一个不确定的未来，离开女人，成为她人夫。即便如此，仍然有冲破重重阻隔，只求心灵相惜的爱情。在众多的爱情之中，万古长存。也有这样的一个女子，满是义气，甚至比男人更加有气魄，重情义。

这是一个不顾金钱地位身份，冲破世俗的传奇女子李香君的故事，一个她与侯方域的爱情故事。

遇画舫◎商女知恨

崇祯十六年，侯方域已经娶妻生子，正值22岁的青春年华，在这一年，侯方域像其他考试的学子一样，到南京考试，并且结交东南名士。当时，秦淮河畔的媚香楼歌舞升平，尤其是“秦淮八艳”李香君镇楼，更是吸引无数的名士前去膜拜。当时的侯方域也是如此，虽然胸怀满志，但美色面前谁都好奇想去看一眼。经过朋友杨龙友的介绍，他得以前去媚香楼，看传说中的李香君，然而就是这么一眼，形成了一段传奇的爱恋。

李香君，是南明时的一位名妓。长相貌美，身材婀娜，并且精通各种乐器，若是生在现在，绝对是女神一个。然而，造化弄人，如此传奇的一位女子却是被老鸨收养的一个歌妓。在当时，李香君受到多位名贵公子的追捧，身价极高，能够见上李香君一面，便成为了炫耀的资本。当然，李香君卖艺不卖身的气节，在她的美貌之下，也成为了迷倒众人的神秘之感。要是放在现今的话，绝对是一位杰出美貌的音乐艺术家。

侯方域进入李香君的房间，两人人生中的第一次见面。清新雅致的房间，使得李香君在侯方域的第一印象中，就觉得她是一个不一样的女子，不同于青楼里的庸俗。而李香君走出之时，更是气质貌美，在身后墙上一幅“寒江晓泛图”的背景衬托之下，更使李香君气质非凡。画上的那首诗也引起了侯方域的好奇:

瑟瑟西风净远天，江山如画镜中悬。
不知何处烟波叟，日出呼儿泛钓船。

面对这幅没有落款的画作，侯方域非常好奇，于是便问李香君。没想到，这幅画竟然是李香君所画。此时的侯方域对李香君更是欣赏有加。于是，两人便从画作开始聊起，越来越投

机，仿佛就在等待这一个时候，找寻到知己。在侯方域临走的时候，心生感觉，写了一首诗赠与李香君：

绰约小天仙，生来十六年。
玉山半峰雪，瑶池一枝莲。
晚院香留客，春宵月伴眠。
临行娇无语，阿母在旁边。

字里行间全都透露出侯方域对李香君的欣赏，而李香君对侯方域也是心生情意。就这样，两人以李香君的画相识相知，以侯方域的诗作为延续，开始了更多的交流，并互相欣赏着。

言辞巧◎一扇定情

没有把应试当回事儿，雄心壮志的侯方域，在遇到李香君之后更是缠绵到爱情之中。直到考试落榜，才一下从中惊醒。自感雄心才志没有用武之地，非常沮丧。

而此时的李香君，却是如此的通情达理，丝毫不输给名门小姐，甚至更胜一筹。她给侯方域唱了一首《琵琶词》，鼓励侯方域，说其非常有才华，不输给其他人，希望他能够自爱。男人失意之时，心爱女人的夸赞无疑是一剂良药，就是李香君的这番话，使得侯方域重拾了信心，并且感动不已。

当时，李香君名声在外，身价极高。而在妓院，如果想要让一个人专门为一个人服务，就要支付一定的费用。正值爱情中的侯方域自然是想要李香君一直见自己，无奈却没有钱。在此时，好友杨龙友对侯方域进行了资助，于是，侯方域心想事成，与李香君日日相见，并将一把系有传家琥珀扇坠的名贵扇子送给李香君，当作了定情之物，留住在媚香楼。

几日之后，侯方域问起杨龙友资助的钱财之时，却忽然得知这笔钱财是阮大铖给予的。而侯方域一直对阮大铖非常痛恨与不耻，现在却用了他的钱财，非常气愤。但是，却又找不出其他谋财路的方法。

李香君知道原委之后，便将自己的首饰卖掉，向姐妹凑了些钱，把钱给了侯方域。如此通情达理的女人，哪个男人不为她动心呢?

而把钱退给阮大铖一事，将阮大铖惹毛了，为以后的灾祸埋下了祸根。

守贞洁◎血染桃花

正值战乱纷飞、局势不稳之时，战况不断变化，而阮大铖也被启用为兵部侍郎，后升为兵部尚书。得到大权的阮大铖开始铲除自己怀恨在心的人，侯方域自然是其中之一。侯方域也深知此事，方知唯有逃走才能保全性命。

于是，在一个夜里，侯方域决定离开，但是对于李香君

却又牵挂不舍。李香君劝说着侯方域，让其离开，说二人心灵相惜胜过任何的距离。这番话是何等的诗意与理想，正如世界上遥远的距离，是我站在你身边你却不知道我爱你一样，世界上最近的距离又岂是朝朝暮暮？最近的距离是两人即使相隔万里，又心灵紧靠。终于，侯方域下定决心，离开了南京城，投靠军队，并且得到了重视，从而使得他一直以来的雄心壮志得到发挥，在战场之上，他通过书信与李香君联系着。

李香君选择了闭门谢客。为了情钟侯方域一人，经过老鸨同意，李香君不再接客，整日对着那把定情的扇子诉说着相思之情，很多的客人都只能止步于门外。然而，也有人霸道不讲理，胡搅蛮缠，这个人就是皇帝身边的红人——佥都御史田仰。阮大铖知道田仰的事后，就想帮助田仰，这既可以讨好红人，又能报侯方域与李香君之恨。

于是，小人阮大铖在第二天就马不停蹄地带着聘礼到了媚香楼，却遭到了李香君的拒绝。阮大铖便死搅蛮缠。在这招不起作用后，阮大铖还用了另一计——强娶。在拿聘礼赶来之时，早已安排人上门迎娶。人数众多，也阻拦不住，强行进入了媚香楼。这一举动若发生在相爱的两人之间，肯定浪漫无比，可是，在阮大铖面前却是如此的无耻。生性刚毅并且只爱侯方域一人的李香君从楼上跳下，以表决心。被这一举动吓坏了的迎亲队伍也只好悻悻地打道回府。

杨龙友得知消息连忙赶到的时候，李香君已经被抬了回去，只剩下其随身携带的一把扇子，已经沾上了血迹。在看望完昏迷的李香君之后，杨龙友带着扇子回到家中，用毛笔在血迹上画出片片桃花，并题为“桃花扇”，在李香君病好之后，将扇子返还于她。

经历了此番事情，田仰就此作罢，但是阮大铖却是不达目的誓不休。借助皇帝沉迷酒色的机会，将李香君征入宫中。李香君带着那把桃花扇含着泪走进了皇宫之中，从此，一个进入宫门，一个战场杀敌，真正天各一方。

燕子笺◎国仇家恨

1642年，侯方域带领家人南下，再次回到南京城，这座他与李香君定情的城市。此时的南京城却因左良玉要率部队来此陷入一片恐慌中，这件事又给本来就怨恨侯方域的阮大铖提供了报仇的机会。阮大铖大量散播侯方域与左良玉暗中勾结的言论，于是有很多人开始谋划抓捕侯方域。幸亏有杨龙友提前通知，使得侯方域能够安全逃脱。侯方域在走之前，作了《去金陵日与阮光禄书》一文，里面全是对阮大铖的讽刺，于是，阮大铖对侯方域更是恨之入骨。而侯方域也不得不再次离开南京。

等到侯方域再次回到南京，已经是李自成攻破北京的时候了。随后，阮大铖的谋反计划开始变得明目张胆，对侯方域的报复也开始大力实行，使得侯方域被关入牢中。随后在家人的帮助下才得以出狱，投靠史可法，跟随史可法南征北战。

终伤逝◎古佛青灯伴无眠

其实，两人本有机会再相聚，只是天意弄人。在南京城被破时，身在宫中的李香君已经随着宫人们逃了出来，李香君不停地往秦淮河畔跑去，却是人去楼空，战火纷乱，媚香楼早已在火海之中熊熊燃烧。见到往昔生长的地方全部毁灭，李香君心中一慌，跌坐在地上。

其实，这个时候侯方域也在秦淮河畔，当时的侯方域一心挂念李香君的安危，等赶到的时候，却看到了大火中的媚香楼，在周围寻找了一个晚上也没有看到李香君的身影。两人却不知道，彼此仅仅只有一桥的距离，只要跨过那座桥，心心念念的人就可以相见，只能说是天意弄人，两人终究没有见到。

找寻无果的侯方域失望伤心地离开，而无处可去的李香君被路过的昆曲师傅苏昆生带往苏州。两人又天各一方。

李香君虽然跟随苏昆生到达了苏州，但是心中已经万念俱灰，一路的颠簸也使得她重病缠身。在苏州，李香君找到了以前的姐妹卞玉京，卞玉京收留了李香君，并悉心照料，为其看病。但是，李香君的病是久积成肺痨，也就是现在所说的肺结核，在当时是绝症，没有药物可以医治。而思念之深，也使得李香君整天对着桃花扇以泪洗面，使得病情更为加重。看到如此情形的苏昆生，心生不忍，于是在局势稳定的时候，去打听侯方域的消息，得知侯方域找寻过李香君，便立刻将此事告诉了李香君，但是李香君终究是敌不过疾病，依旧躺在床上。苏昆生便赶忙北上寻找侯方域，誓让这两个有情人见上一面。

可是在苏昆生走后几天，李香君病情再度加重，开始咯血，终究是没有等到侯方域。李香君在临终之前，嘱咐卞玉京将自己的一缕头发剪下，用红绫包好，系在桃花扇上，等以后遇见侯方域时转交给他。在卞玉京答应之后，便香消玉殒，离开了人世。

侯方域得到苏昆生带来的消息后，连夜赶回来的时候，李香君已经闭上了双眼，离开了这个世界，侯方域拿着那把留有李香君血迹的桃花扇伤心不已。

一段乱世，造就了一段悲惨的恋情；一种冲破世俗，不为金钱低头的思想，造就了一段传奇的爱情。李香君，一位传奇的女子，有着不俗的节操与气节，纵使是面对金钱与权势也没有低头，没有背弃爱情的誓言。

虽然是红颜早逝，但是，她的爱情，她的节操，她的知书达理，她的不畏气节却是千古长存。谁说金钱一定能打败爱情？其实，打败爱情的常常不是金钱，往往是我们自己。

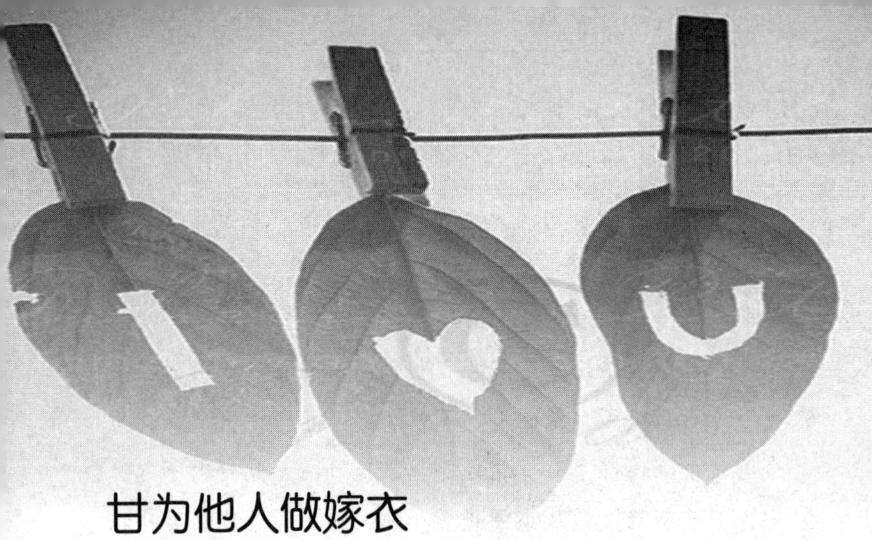

甘为他人做嫁衣

吉光片羽珍同璧，潇洒追秦七。
好诗读到谢先生，另有一番天籁任纵横。
五陵侍客赊豪兴，挥金为革命。
凭君纽带作桥梁，输送侨胞热血慨而慷。

——孙中山《虞美人·为谢逸桥诗钞题词》

在中国的近代史上，“宋庆龄”这个名字可谓是家喻户晓。她与孙中山先生关系匪浅，他们不仅是志同道合的事业伙伴，更是心有灵犀的革命伴侣。可孙中山先生明媒正娶的老婆是卢慕贞，这卢慕贞也算是大家的小姐，虽然家道中落，却也是贤惠得体的好姑娘。经人说合，两人步入了幸福的婚姻殿堂。孙中山见的世面多，再加上那时候国家乱得一团糟，孙中山强烈的爱国心开始熊熊燃烧，整日想着要救民于水火之中，连刚娶进门的老婆也撂到一边不管了，只顾着自己的大丈夫伟业。可怜卢慕贞那弱不禁风的小身子骨，刚一嫁过去便承担起了整个家庭的重担，尽职尽责，默默地为孙中山分忧解难。

虽说两人结婚二十多年，但两人真正在一起的日子并不多。卢慕贞天生劳碌命，不仅为孙家生了龙孙凤女，更是为这个家操碎了心。这还不算，她还一直觉得对不起孙中山。一来吧，她从小便裹了小脚，她觉得这事让孙中山脸上过不去；二来呢，她总是想自己识字不多，也不精通英文，孙中山做的事她一点忙都帮不上。卢慕贞经常为这些事愧疚不已。那时候，她为了能够为孙中山的革命事业尽一份心力，主动跟孙中山说，让他再娶个小老婆。一心扑到革命事业上的孙中山哪里肯犯革命错误，便说，新时代已经不许纳妾了。可怜卢慕贞，为了这个她为之奉献了一生的男人，竟同意了离婚。

父母命◎奉旨成婚

孙中山的哥哥名叫孙眉。孙眉可不是个简单人物，据小道消息说，孙眉是“创建民国的幕后英雄”。孙中山与卢慕贞两人的结合，便是孙眉一手牵的红线。

1883 年秋，一心想着闹革命的孙中山把家乡翠亨村的北极殿神像损毁了。这下可把孙家二老吓坏了，生怕他再闯出什

么祸端，便找了个读书的由头，将他远远地送到了香港。没几天，孙中山跑去檀香山跟着大哥孙眉过日子。孙眉对这个弟弟是恨铁不成钢，管教十分严厉。不几天，孙中山便受不了了，一溜烟跑回了家。

见孙中山这个样子，孙眉头发都愁白了好几根。他左思右想，最终想出来个妙招：赶紧让这个小子结婚。想到这儿，他立刻提笔给父母写了信，寄了钱，一来呢，让孙中山好好学习，二来呢，赶紧给他找个老婆，让他收收心，别再整天惹是生非，让父母担惊受怕。

父母一接到孙眉的信，便四处托人为孙中山物色好姑娘。孙中山有位嫁与香山县上恭都外茔乡（今属珠海市金鼎区外沙乡）的姨母，她向孙母杨太夫人推荐了一个人，是乡人卢耀显的女儿卢慕贞，这两人不管是年龄还是家世，都是天造地设的一对。

卢慕贞在 1867 年 7 月 30 日出生。早些年，她的父亲卢耀显也和孙眉一样曾在檀香山讨生活。虽说卢耀显早年因经商发了小财，但他命不好，没多久就离世了。卢慕贞是卢耀显的大女儿。那时候，孙中山一心想为革命抛头颅洒热血，哪里还顾得上儿女私情。因此，一听说要结婚，他心里老大不乐意。再者孙中山早年在檀香山生活，对西方的自由婚姻极为向往，父母包办婚姻也算是触了他的逆鳞。

当时的孙中山，整个一风度翩翩的有为青年，再加上在西方喝了几年洋墨水，身价也是水涨船高。而卢慕贞不仅大字不识一箩筐，而且长得也不拔尖。可是，孙中山对父母十分尊重，再加上他对包办婚姻并没有到深恶痛绝之地步，因此，最终他选择了“父母之命，媒妁之言”。1885 年 5 月 26 日，年仅 20 岁的孙中山与卢慕贞结了婚。

孙中山家底颇丰，因此，两人的婚礼热闹非常。孙家专门在大宅左边为孙中山夫妻新建了一座房子。根据家乡的传统，父母将书写了“德明”（孙中山字德明）的字架立在正厅。新房两侧悬挂的对联是“长发其祥，五世其昌”，这让前来道贺的乡亲大开眼界。

那时候，孙中山就读于香港英国殖民当局建立的中等学校——中央书院。他志存高远，婚姻并没有成为约束他理想的绳索。他与卢慕贞生活不到三个月，便撇下娇妻，一溜儿跑到了香港。

相守成◎渐入佳境

孙中山坚信“医亦救人之术”，1886 年夏，他放弃了大好仕途，毅然决然跑去了由美基督教长老会督办的广州博济医院附属南华医学堂（今广州中山医学院附属第二医院）学习。次年，他来到香港雅丽氏医院督办的西医书院（今香港大学医学院）继续深造。孙中山对学习十分狂热，只有到了假期，他才会舍得回家与老婆小聚。不过，孙中山本就见多识广，又能说

会道，经常把性格内向的卢慕贞哄得摸不着南北，两人小别胜新婚，处得极为融洽。

卢慕贞的贤惠明理把孙中山感动得一塌糊涂，而后发生的一件事更是让孙中山对卢慕贞敬重万分。唐仕进曾在《孙中山元配卢慕贞的故事》一书中说了这样一件事：那年正赶上孙中山回乡，途中碰见一个传教士。孙中山是基督教的头号粉丝，一看见那传教士两眼直冒光，一个劲儿地请人家来家中小住。

这孙家对基督教是唯恐避之不及，家里人对孙中山信奉基督教一事都不以为然，但天高皇帝远，孙中山人在香港，家里人再不乐意，也管不着他。

但现在，孙中山竟然把传教士往家里带，这下可惹恼了孙家二老。卢慕贞在这个家里生活了那么长时间，察言观色的功夫可是一等一的好。虽然她大字不识几个，也知道公婆不待见这个传教士，但只要是孙中山做的，她绝对无条件支持。

于是，她轻声细语地劝慰公婆，老人听了儿媳的话大为受用，便不再追究此事。

1888 年春，孙中山的父亲孙达成病危，一接到消息，孙中山和大哥孙眉便马不停蹄地赶回了翠亨村。一见到在病榻前侍奉的卢慕贞，孙中山更是感动得不得了。这之后，两人的感情之火便开始熊熊燃烧了。

1891 年 10 月 20 日，孙中山和卢慕贞的大儿子孙科出生于翠亨村。

次年 7 月，香港西医书院为获得第一名的孙中山颁发了毕业证书。爱情学业双丰收的孙中山干劲更足了。不久，他亲自督建的居所落成，这便是如今的孙中山故居，卢慕贞居住在大门靠左的屋子里。虽说孙中山因行医到处奔波，但他经常忙里偷闲回家与卢慕贞小聚。孙科著《八十述略》，曾说："我出生的第二年，国父在澳门开了一家中西药局，执业行医，所以我就跟母亲搬到澳门与父亲同住。不久之后，又迁居香港。"孙中山与卢慕贞的感情急剧升温，1894 年，他们的女儿孙蜒降临人世。

可以说，卢慕贞是"女子无才便是德"的典型代表。也正是因为如此，对于孙中山的革命事业，她一点忙也帮不上。但这个贤惠安静的女子，她从未反对过孙中山所为，她站在丈夫的背后，一直默默地支持着他，最终连一句怨怼的话都不曾有。李伯新先生曾写了一篇《默默支持孙中山革命的卢慕贞》，感叹这位伟大而又坚强的女人：

卢氏是一位具有中国传统女性优良美德的母亲，一手承担养育儿女的责任，又孝顺侍奉家翁家姑，照料婶母程氏生活。一个小脚女人，承担这么多的繁重家务，还为孙中山的革命活动担风险。她使孙中山减少了家庭的后顾之忧，把精神集中到革命事业上。

孙中山自少年时期便在香港求学，期间，看着被外敌和内贼凌辱的国家，孙中山心中燃起了救国救民的烈焰。毕业之后的孙中山一直在澳门和广州之间穿梭，在行医之时与一大批痛恨清政府腐败统治的仁人志士和会众相识，他们一起钻研文

化，探索国家未来的发展方向。他们针砭时弊，积极策划救民于水火的政治活动。

1894 年 1 月底，孙中山一回家便把大门锁了，闭门自省了十多天，写出了一封《上李鸿章书》。之后，他又找到了陈少白，两人又一起商榷了这封八千余字书信的定稿。虽说孙中山好不容易见着了阔别已久的卢慕贞，但那时候的他却没有闲心与卢慕贞花前月下。

卢慕贞对此却从未说过一句埋怨的话。孙中山在家的时候，她不仅把孙中山的起居衣食伺候得好好的，更是以自己的温柔明理去抚慰关心孙中山。孙中山离乡的时候，虽然卢慕贞心中有千百个不愿意，但还是贴心地为丈夫收拾行囊。看着一点点远走的丈夫，那细细密密溢满胸腔的难过被她悄悄掩埋。

同进退◎革命夫妻

1894 年 10 月，身在檀香山的孙中山为反对清政府的腐败统治，成立兴中会，掀起了民主革命的浪潮。在此期间，在卢慕贞的支持下，孙中山鼓足了干劲开展民主革命。

1895 年，孙中山联合陆皓东准备发动广州起义。谁知，起义还没开始，就被清政府扼杀在了摇篮里，陆皓东与朱贵全成了刽子手刀下的亡魂。

清政府的眼里怎么容得下沙子？没几天，两广总督谭钟麟拟定的重金悬赏告示就贴遍了广州城和番禺、南海等县城的大街小巷，孙中山、郑士良、杨衢云一个不落。广东按察使兼管全省驿传事务衙门发出的缉拿孙中山的悬赏告示称："孙文，即逸仙，香山县东乡翠微人，额角不宽，年约 29 岁。花红银一千元。"幸好，孙中山早在 10 月 27 日的夜里便已经逃离广州，一路到了日本。在辛亥革命胜利之前的 16 年时间里，孙中山一直在海外四处漂泊，为民主革命事业奔波劳累。

清政府也不是糊涂蛋，那边派人缉拿逃犯孙中山，这边便命香山知县史继泽捉拿孙家一家老小。那会儿，家里人已经知道了孙中山捅的大娄子，只是家里都是些没出过门的妇孺，拖家带口的，能逃到哪儿去啊？也许是老天怜悯，清政府官署书吏在书写孙中山籍贯的时候犯了糊涂，把孙中山的籍贯误写成了翠微村，这才让孙家老少避过了这场大劫。

那些清兵最终以翠微村无孙氏人家为由，在收了卢慕贞和孙母很多钱财后，心满意足地打道回府。

虽然孙家避过了这一劫，但孙中山依旧是清廷缉拿的要犯，若是继续留在翠亨村，说不定哪天横祸就飞来了。一家人正长吁短叹的时候，兴中会的成员陆灿从檀香山回来了。他是陆皓东的侄子，此次因结婚而归乡。他一听说孙家有难，二话不说便开始准备孙家老少的逃难事宜。他先是将卢慕贞、年仅 5 岁的孙科以及嗷嗷待哺的孙娫，还有孙母和大儿媳谭氏送往香港，然后渡海到达檀香山，前往茂宜岛与经商的孙眉会合。

1895 年 12 月中旬，孙中山一听说老婆孩子在茂宜岛，便心急火燎地往那儿赶。夫妻俩这会儿相见是相顾无言惟有泪千行。卢慕贞见着风尘仆仆的丈夫，心中的委屈差点喷涌而出，但她从头到尾没说一句埋怨话。她一个乡下女人，不知道什么是革命，不知道自己的丈夫在做什么，她甚至不能在丈夫失意之时温言安慰。但她却认准了，作为一个女人，应该让自己的丈夫没有后顾之忧，一心一意为革命事业奋斗。

那会儿，孙中山对卢慕贞母子是心有余而力不足，卢慕贞母子的生活全仰仗孙眉的资助。卢慕贞不仅把公婆侍奉得妥妥当当，而且把家务活也全揽到自个儿身上。孙科 6 岁时，识字不多的卢慕贞开始教儿子读书，《千字文》《三字经》和《幼学诗》都有涉猎。不仅如此，她还为孙科聘请了国学老师。不久，生于广东新会的黄瑞祥定居茂宜岛，开办学堂，卢慕贞便让孙科尊黄瑞祥为师。正是因为卢慕贞的严厉督导，孙科的国文基础才得以夯实。平时闲暇的时候，卢慕贞经常临摹字帖，用这种方式来排解扰人的幽思。

知分寸◎毅然阔别

孙中山在民主革命中极力推崇“自由平等”、“天赋人权”等思想，他主张解除封建制度对中国妇女的残酷压迫，他还公开表示反对一夫多妻制。而且，他与心上人宋庆龄都是基督教的忠实弟子，要违背基督教一夫一妻制的教义，这实在是个为难事。因此，孙中山要想娶自己的心上人，只有与卢慕贞解除婚姻关系，不然别说基督教容不下他们，就是宋庆龄那一关都过不了。

孙中山从小就怕他大哥，因此，孙眉活着的时候，孙中山对离婚这事是想都不敢想。孙眉去世后，孙中山写了一封恳请卢慕贞同意离婚的信，还让长子孙科和侍卫官郑卓送去给卢慕贞看。事后，郑卓一身冷汗，他说：

> 我带着孙科回乡去，心中也着实有点害怕。但是既已受托，只好硬着头皮把中山先生的信交给卢夫人。哪知卢夫人早已知道了我们的来意，因为报纸上早已风风雨雨地广为宣传了。她看了中山先生的信，心情异常平静，问了宋庆龄的一些情况后，立刻表示同意离婚，说她是为了国家而牺牲自己。卢夫人……看了信后，不假思索，朗声道："阿科，椤（拿）枝笔来，要新慨（的）！"毅然在信上写了一个"可"字，同意离婚。

说实话，要说卢慕贞没有深思熟虑过孙中山的离婚恳请，傻子都不信。其实，卢慕贞此刻正处于深深的悔恨之中。早年间，她觉得自己没本事，曾极力劝说孙中山再娶个小老婆，有个贤内助能在事业上帮他一把。可万万没想到，自己的一念之差，竟生生把丈夫推给了别人。卢慕贞心里跟刀割似的，那时候离婚对于一个传统女子来说简直就是奇耻大辱！但她能做什么呢？

1918年10月17日，孙中山写信给英国的导师康德黎，信中提及了他提出离婚的缘由：

> 我的前任夫人是个深居简出的传统女子，当我在日本逃难之时，她未曾伴在我身边一刻时间。她常年与我的母亲一起生活，每次都要规劝我按传统再娶一位女子。我心中在乎的人是新时代的知性女子，她不能接受这样的安排，而我的生活又少不了她。因此，我只能同她提出离婚，别无他法了。

孙中山把离婚想得十分通透，要想离婚，关键要在卢慕贞这儿下手。1915年9月1日，他邀请卢慕贞到日本东京，办理离婚。话还没挑明，朱执信与胡汉民等革命党人扯着嗓子反对。孙中山只好把卢慕贞请到内室，不一会儿，卢慕贞便出来说："跟着先生的这些日子我已经受够了，反正我是累了，谁愿意跟他就跟吧。我没意见，至于孙中山先生的离婚恳请，我签字同意。"至此，朱执信、胡汉民等人也觉得再反对也没什么意思，便都住了嘴。之后，孙中山便与卢慕贞正式离婚。

离婚协议一签订，孙中山心中豁然开朗，他觉得自己实在是对不住卢慕贞，于是，便带着卢慕贞到处旅游，以此作为补偿。1915年9月23日，孙中山将卢慕贞送往东京，她自横滨去往澳门，之后便在澳门度过了余生。

终守候◎始终如一

虽然孙中山已经与卢慕贞说好了离婚事宜，但他心里到底有愧。有小道消息说，孙中山曾亲口允诺了卢慕贞三件事：成为基督教的忠实信徒；你永远是孙科之母；孙家永远有你一席之地。孙中山对此倒没有食言，他将卢慕贞安排到澳门的孙公馆定居，其实就是将她看作孙家人。

1915年10月25日，孙中山与宋庆龄结为秦晋之好。之后，孙中山不仅关心卢慕贞的健康起居，更是时常邮寄钱财给她，两人也经常互通书信。

虽然，孙中山所写的书信内容无外乎生活起居、寄钱、做股东之类，但到底对卢慕贞还有感情，信中常流露出关怀之意。除此之外，孙中山在写信之时，常以“科母”（即孙科的母亲）代指卢慕贞，以“科父”或“德明”（孙、卢成亲之时曾用名）称呼自己。由此可见，孙中山打心眼里认为，卢慕贞便是孙家人，是孙科之母。

虽然卢慕贞已与孙中山解除婚姻关系，但她还是忘不了孙中山，仍一心为他着想。离婚之后，她还曾说，愿意以妹妹看待宋庆龄。她还曾告诫孙科，要敬重礼待宋庆龄。

之后，孙中山曾与宋庆龄一起，在粤军总司令许崇智的陪

同下，在澳门与卢慕贞见了一面。1923年，身在广州的孙中山出任大元帅之时，卢慕贞曾来此与孙中山夫妇相见，三人还合影留念。

离婚之后的卢慕贞仍坚定地支持孙中山的事业。1924年，卢慕贞一得到孙中山创办的黄埔军校在广州招生的消息，她二话不说便让养女婿前去参军，养女婿乡里有几位有志青年也意欲到黄埔军校就读，卢慕贞竭尽全力送他们进入黄埔军校。

1952年9月7日，86岁的卢慕贞病逝于澳门文第士街寓所。早年间，在孙中山先生的劝导下，离婚之后的她成为基督教的忠实信徒，她还曾是澳门地区的浸信会会佐。因此，澳门浸信会为她举办了一场盛大的基督教徒葬礼。卢慕贞葬于澳门西洋坟场，彼时孙科正远渡重洋，并未与母亲见最后一面。之后，孙科协同两个儿子为其母奠立墓碑。

卢慕贞是旧中国传统的贤惠女子。作为妻子，她几十年间一直在背后默默地支持着丈夫的事业；作为母亲，将一双儿女养育成人；作为媳妇，她识大体，明事理，孝顺公婆，与小姑和婶母相处融洽。最让人敬佩的是她能坦然接受孙中山与宋庆龄的婚姻，毫无怨言地同意离婚。

人无完人，卢慕贞也不能免俗。她因为自己不可更改的原因最终与孙中山先生解除婚姻关系。但无论怎样，卢慕贞这个淹没在历史长河里的名字，终究与时代的先行者孙中山先生契合在一起，她是值得世人敬重和怀念的女子。

被供养的礼物

我的所爱在山腰；
想去寻她山太高，
低头无法泪沾袍。
爱人赠我百蝶巾；
回她什么：猫头鹰。
从此翻脸不理我，
不知何故兮使我心惊。

——鲁迅《我的初恋》

直到去世的前一天，朱安才向媒体公开了她和鲁迅之间的关系，据南京《新民报》报道：朱安对于自己和鲁迅的关系有这样一句话："周先生对我并不算坏，彼此间并没有争吵，各有各的人生，我应该原谅他。"

实际上，对于鲁迅而言，朱安的牺牲给鲁迅带来了

极大的精神压力，同时也升华了鲁迅弃医从文后的创作热情。这种复杂的联系并不仅仅出现在鲁迅和朱安的身上，对于卡夫卡来说，如果他的父亲不是如此的专横残暴，卡夫卡也创作不出《致父亲的信》和《判决》这样的作品；对于陀思妥耶夫斯基来说，如果不是被判处死刑，如果没有在西伯利亚监狱的长期苦役，他也不会有《死屋手记》这样的旷世作品。

在鲁迅和朱安的交集中，作为局外人是无权去评价谁对谁错的，唯一可以看明白的便是，正是朱安的这种无条件牺牲促成了鲁迅文笔的升华。鲁迅以冷漠的态度对待朱安，又何尝不是一种自我折磨，也正是因为这种消极灰暗的人生观，使得同时代的其他作家在创作上只能望其项背。可以说，鲁迅之所以成功正是因为牺牲，这里牺牲的不仅是鲁迅自己，还有朱安。

新婚夜◎形同陌路

鲁迅原名周树人，在从事文学创作之前，鲁迅一直是周树人，一直是一个脑子里充满新思想、坚决抵触和反抗封建时代包办婚姻的周树人。在婚姻问题上，周树人一直和母亲作斗争，数次“叫姑娘另嫁人”。然而，他终究还是妥协了。1906年7月26日，一封“母病速归”的电报被交到周树人手上，仓皇失措的周树人匆匆赶回家中，却发现家中要办的不是白事而是红事，就这样，25 岁的周树人和 28 岁的朱安完成了计划之中又意料之外的婚礼。

有一句话“婚姻是爱情的坟墓”，说的是婚姻使得相恋的两个人失去了那份对爱的执著，但对于鲁迅和朱安来说，两个思想、文化、价值观、家庭背景没有一丝相同的人一起为这份无爱的婚姻买了单。然而，相比朱安，鲁迅终究是个幸运儿，二十年的时间，他用自己手中的笔获得了许广平的爱，也算弥补了那份缺失。再看朱安，即使在去世之前，这样一个女子的人生终究没有丝毫变化，那座四合院就像一个囚笼，困住了她的人，也困住了她的心。

鲁迅是留过洋的“新”人，在他看来，朱安是个完完整整的“旧”人。历史总是能将想要展示给世人的一面表现在世人面前，于是在世人看来，朱安作为鲁迅的妻子太过于安分，太过于平常，也许有不少人对“苦菜花”心存同情，然而也仅仅是同情。

从某种角度看，朱安并没有错，错的是这个时刻进步的时代。朱安那三寸金莲注定了她的生活圈子只能是那一座四合院，她曾不止一次迈出了从旧时代到新时代的那一步，然而她看到的是无数新女性在上学，在革命，在自由恋爱，她茫然了，无助了，然后，收回了迈出去的那只小脚。

不论是“女子无才便是德”还是“无为而治”，“旧”人所用的一切成了“新”人批判的理由，为了生存，迷茫的朱安放

弃了挣扎，放弃了迈向新时代的希望，那一刻，她只知道自己要做回那个洗衣做饭的传统妇人。

俗话说：女大三，抱金砖。鲁迅被“母病速归”的电报从日本召唤到绍兴，随后与大自己三岁的朱安成婚。然而，结婚四天后，鲁迅便独自返回日本，朱安空有鲁迅之妻的头衔，过的却是寡妇的日子。

十三，这个数字一度被人誉为幸运数字，对于江冬秀来说，十三年虽久，但毕竟换来了胡适。朱安却没有这份幸运，即使十三年来她兢兢业业伺候鲁瑞，恪守妇道，却依旧唤不回鲁迅的心。

同样是等待，王宝钏用十八年换来了薛平贵，江冬秀用十三年换来了胡适，而朱安呢，她用了一辈子换来的却是一句“周先生对我并不算坏，彼此间并没有争吵，各有各的人生，我应该原谅他。”莫非鲁迅是如此冷血的一个人？其实不然，用现在的观念来看，鲁迅的做法似乎更加理智，爱便爱，不爱便不爱。

二十年◎名义夫妻

朱安的一生酷似一只可怜的蜗牛，封建婚姻就是她背上的壳，朱安用一生在寻找顶端，她用简单而寂寞的生活尝试唤回鲁迅。然而，新旧时代的交替大潮注定了朱安的等待是徒劳的，朱安终其一生，只是作了牺牲，为鲁迅牺牲，为时代进步牺牲。

胡适、鲁迅等不少“五四”时期的反封建旗手曾因为自己的婚姻问题受到不少人的质疑，这些留洋归来的旗手们为何会接受一个目不识丁的女子作为自己的妻子？为何不为自己的婚姻轰轰烈烈地反封建一把？

其实，单从鲁迅的生涯便可看出这些反封建的旗手们确确实实是反传统主义者。在婚姻问题上，鲁迅与鲁瑞一直相持不下，最终还是被“母病速归”的电报骗回绍兴。鲁迅和朱安的婚姻不能说鲁迅没有反抗过，而是作为一个由寡母抚养长大的孩子，即使鲁迅深知母亲所做之事有不合理之处，但不论是出于对母亲不幸人生的同情，还是出于感谢母亲一把屎一把尿拉扯大的恩情，鲁迅在回到绍兴后再也生不起反抗母亲意愿的念头。

“母爱差不多是伟大而盲目的”，这句话出自鲁迅之口，由此可见鲁迅对于母亲包办自己的婚姻大事多少有些抵触和无奈。胡适则将自己的母亲形容成“放高利债的债主”，这倒不能说胡适为人过于没心没肺，而是一种话粗理不粗的顿悟。不论是胡适还是鲁迅，在母亲定下他们的婚事之后，他们都没有做出过激的反抗。胡适说：“吾之就此婚事，全为吾母起见，故从不曾挑剔为难。（若不为此，吾决不就此婚，此意但可为足下道，不足为外人言也）今既婚矣，吾力求迁就，以博吾母欢心。吾之所以极力表示闺房之爱者，亦正欲令吾母欢喜耳。”

鲁迅说："这是母亲给我的一件礼物，我只能好好地供养它，爱情是我所不知道的。"

显然，精通白话文的鲁迅的话更容易被人们接受，但不论怎样，以自己的婚姻为代价成全孝心已是定局。虽说胡适和鲁迅同是天涯沦落人，但胡适终究有了儿女，也算有个善终。鲁迅和朱安的婚姻则是完完全全的悲剧，20 年，人生有多少个 20 年？ 28 岁成婚的朱安苦苦等了鲁迅 20 年，等来的却是鲁迅携手许广平的噩耗。

对待母亲安排的婚姻，鲁迅曾给出过解释：一是为了尽孝，报答母亲多年养育之恩，他可以放弃自己的婚姻；二是为了名誉，免得朱安遭受退婚后的耻辱人生；三是为了少点争吵，反清斗争中鲁迅一度以为自己的人生将会随时结束，因此对于自己的婚姻也有了无所谓的态度。

幸运的是，1925 年，鲁迅要等的人终于出现了，她就是许广平。前二十年，鲁迅的生活充满了痛苦和折磨，而始终相信迟到总比不到好的鲁迅总算等到了迟来的幸福，"十年携手共艰危"这七个字足以说明一切。

暗伤悲◎终成外人

在封建时代的绍兴，任何一个被退婚的女子都会遭受周围人的白眼，这样的耻辱足以让一个心智健全的女子变成一个彻头彻尾的疯子。朱安这个长嫂在周家始终扮演着一个毫无话语权的角色，所谓长兄为父，长嫂为母，当羽太信子（周作人的妻子）挥霍无度时，朱安是完全可以站出来好好教育她一番的。可惜，朱安没这么做，也许是她没有考虑到，也许是她根本没有这么做的能力。

三年，朱安在周家过了整整三年沉默是金的日子，直到周氏兄弟在羽太信子的影响下反目成仇。

1923 年 8 月 2 日，朱安拒绝了独居绍兴的建议，生活在旧时代的她依旧渴望用自己力所能及的行为照顾鲁迅的日常起居。于是，朱安跟着鲁迅来到砖塔胡同俞氏三姐妹处借住。

1924 年，朱安 46 岁。同年 5 月，朱安和鲁瑞住进了阜成门内的一间小四合院，在这里，朱安度过了自己余下的悲摧的后半生。

1926 年，苦行僧鲁迅再次“抛弃妻母”，独自南下奔赴广州和厦门，在反清大潮中轰轰烈烈地挣扎。同年，许广平和鲁迅私结连理，两人长期同居于上海。此后，鲁迅仅在 1932 年回过北京，这无疑给远在北京四合院的原配朱安一个响亮的耳光。

现今人们常说：“不抛弃，不放弃。”抛弃和放弃，哪一个给人带来的伤害更大？我们不得而知，但从鲁迅对待朱安的态度中可以看出，对于毫无感觉的原配，鲁迅是完完全全的放弃，却没有抛弃。对于鲁迅来说，他好不容易等到了那个对的人，却又要为母亲的“无理取闹”买单。

一纸休书对于文笔精湛的鲁迅来说显得过于轻巧，但离婚二字又像一座大山重重压在他的背上。鲁迅那一声“我可以爱”是多么的悲壮，多么的无奈，在良心和真爱之间，在道德和爱情之间，鲁迅能做的也只有良好继承古人的“中庸”之道了。

空守望◎渺然一身

如果鲁迅和朱安的婚姻放在现代，那倒不至于有这样悲剧的结局。毕竟按照现代婚姻法，鲁迅和朱安分居早已超过两年，期间又未有什么亲密联系，虽然没有签字办手续，两人已经是事实离婚可以再婚的自由人了。可惜，鲁迅生得太早，朱安这个旧时代的女性只好继续顶着周树人原配的名头做着有名无实的周家儿媳妇。那间四合院里，两个旧时代的女性相依为命，她们都是时代进步的牺牲品，唯一不同的是朱安在结婚后从未享受过来自另一个男子的关怀。

鲁迅和许广平的喜结连理对于朱安来说无疑是个沉重的打击，而周海婴的出世，对于原本不抱多少希望的朱安来说，这算得上是压倒骆驼的最后一根稻草。鲁迅已然是另一个时代的人了，朱安生活中唯一一个同世界的人只有自己的婆婆了，也只有在伺候婆婆时朱安才能找到自己存在的意义。

1936年，享受过十年相濡以沫幸福人生的鲁迅一句话不说便离开了人世，白发人送黑发人的悲剧上演。鲁迅走后，朱安和鲁瑞的开支由许广平独自承担起来。7年后，鲁瑞去世。这个将朱安带到周家，让朱安过了一辈子空虚寂寞生活的婆婆在临死前总算给了媳妇一个交代：让朱安收下周作人每月给的十五块生活费。

然而，抗战胜利之后，周作人也过起了一人吃饱，全家不饿的日子，这时的他哪有精力顾得上自己的大嫂。从另一个角度来看，唯一一个同世界的婆婆辞世后，朱安已经到了无牵无挂，无喜无悲的境界了。对于周作人的钱财，朱安打心底也不是十分乐意接受。

为了糊口，朱安不仅将婆婆养了十几年的大花猫放生了，还将主意打到了鲁迅的藏书上。俗话说：书中自有黄金屋，书中自有千钟粟。然而，当肚子喂不饱，身体穿不暖时，所谓的藏书也不过是一些纸张。好在唐弢北上，听到这个消息，连忙阻止了朱安。对于知识分子来说，鲁迅的藏书有着巨大的意义，唐弢的劝解无意中激起了朱安的怒火，一句："你们总说鲁迅遗物，要保存，要保存！我也是鲁迅遗物，你们也得保存保存我呀！"将朱安的无助和愤慨展露无遗。

朱安终究是大户人家的媳妇，即使鲁迅这个丈夫从未对她有过感情，但在婆婆的影响下，她还是懂得如何做一个谦卑的妇人。对于许广平的接济，朱安始终抱着能不麻烦别人就不给其他人添麻烦的态度，更何况这个别人还是自己丈夫的"爱人"。

呐喊声◎我也是鲁迅的遗物

实际上，朱安并不是一个美丽的女子，三寸金莲，沉重的单眼皮，厚厚的嘴唇，无不透露着一种封建时代女性的特色。在妻子的人选上，鲁迅和其母鲁瑞一直持有不同的态度，对于这个用棉袄领子遮住脸的朱安，作为新兴人物的鲁迅打心眼里是不认可的。

鲁迅的一生是坎坷的，他的前半辈子生活在旧时代的淤泥中，即使反清运动爆发，他大步走上了新时代的光明大道，但鞋底、裤脚的旧时代淤泥又岂是说甩就能甩掉的。对于鲁迅来说，母亲鲁瑞的存在在某些时候未免有些“尾大不掉”，出于孝心他接受了母亲为他安排的这桩姻缘，但这也成了他备受质疑的一点。

母亲的礼物自然是不得不收的，但鲁迅何尝不是一个叛逆的孩子呢。对于朱安，鲁迅始终没有付出哪怕一丝的爱，几十年来他始终坚持自己的恋爱自由观，为了找寻自己的真爱，他甘愿冒天下之大不韪与许广平同居。旧时代，寡妇的生活是悲惨的，但被一纸休书送回娘家的女子的生活更加不堪。也许是出于这点人道主义的考虑，鲁迅顶着压力和自责没有和朱安离婚。

朱安这个旧时代的女子，终其一生想要的不过是平平淡淡的日子，恪守三从四德，做一个孝顺婆婆的平淡妇人。老天爷奇迹般地实现了她的愿望。于是，朱安终其一生都和婆婆相依为命，直到鲁迅鲁瑞相继离开人世，她的根还在那间四合院中。

历史的车轮滚滚向前，作为时代的进步青年总是抱着反抗一切，斗争一生的态度为人处事，而那些腿脚不利索的人自然而然成了时代进步的牺牲品，也失去了抗拒的权利和能力。现今，鲁迅先生的身影已经过于高大，使得多少世人看不见他背后那个默默付出、默默牺牲的朱安。

乱世，没有逃过的命运

风雨重阳后，
同舟共济时。
青松开霁色，
龙马动云旗。

——蒋介石《为夫人题画》

陈洁如是蒋介石的第二任妻子，原名陈凤，与蒋介石订婚后，按蒋介石的意思改名为陈洁如。蒋介石在第一次见到陈洁如时，就对这位美丽善良的女子一见钟情。为了娶到陈洁如，蒋介石快速地撇清了与之前一妻一妾的关系，并发誓陈洁如将是他唯一的合法妻子。几经周折后，蒋介石终于抱得美人归。然而，结婚七年后，蒋介石为了实现其野心，抛弃相伴数年的陈洁如，转而迎娶了宋氏家族的宋美龄。为了骗得陈洁如离开国内，蒋介石信誓旦旦地表示，五年后，他必定恢复同陈洁如的婚姻关系。然而，蒋介石最终也没能实现他的诺言。与蒋介石离婚后，年仅二十余岁的陈洁如未再嫁人，与养女瑶光相依为命，最后孤身一人死于香港的居所内。

“井底引银瓶，银瓶欲上丝绳绝。石上磨玉簪，玉簪欲成中央折。瓶沉簪折知奈何，似妾今朝与君别。家国万里，关山如雪，乱世惊梦，半生繁华，她与他终究是情深缘浅，长恨如歌。”

为眼缘◎穷追不舍

陈洁如原来不叫这个名字，在与蒋介石订婚之前，大家都叫她阿凤。在当时，这真是极普通的一个名字，事实上，阿凤本来就是个极普通的女子。她出身于一个普通的家庭，父亲从商，母亲是个普通的家庭妇女。虽然是商人之家，陈家的家教却很森严，阿凤从小就不允许与男子同席，甚至于不允许同哥哥父亲坐在一起聊天。

按现代的审美标准来看，阿凤绝对算不上什么大美女，眼睛既不大也不亮，脸型也不是现在流行的锥子脸，她留着平齐的刘海儿，脸庞轮廓分明，少了女子的清秀，倒有几分男子的硬朗。幸运的是，阿凤长得很符合时代潮流，她这种长相在当时是相当受欢迎的，走在街上的回头率非常高。再加上，她发

育得很好，在 14 岁时，拥有了成年女子都羡慕的好身材，所以，即使不是什么倾国倾城的大美女，阿凤还是很能让人眼前一亮的。

陈家虽然从商，但非常重视阿凤的教育问题，于是，将她送入上海爱国女子中学就读。正是在这期间，她结识了朱逸民，并与之成为了好姐妹。这位朱女士可不是个简单的人物，她原来不过是个农家女，却嫁给了当时的巨富张静江，并深得张静江的宠爱，由此可见这位朱女士手段是多么的高明。与她相比，当时的阿凤不过是只纯洁的小白兔，根本不知道自己的命运将会发生怎样翻天覆地的变化。

阿凤与朱逸民结识时，朱女士还只是张静江藏在金屋之中的美娇娘。她比阿凤年长，又见过很多世面，为人处事也非常有手段，所以天真的阿凤非常依赖她。后来，张静江的原配夫人死于意外，受宠的朱逸民就理所当然地坐上了张夫人的宝座，成了五个孩子的后妈。在天真的阿凤看来，这场婚姻真是太不般配了，张静江绝对是老牛吃嫩草，占了天大的便宜，为此，她还偷偷地为好友哭过几回。

然而，阿凤怎么也没想到，正是她眼中这段不般配的婚姻让她与蒋介石相遇，并最终促成了她与蒋介石的结合。

实际上，当时的阿凤还只是个学生，年仅 13 岁，而当时的蒋介石已经 32 岁，而且在国民党政府中身居要职。这两人本来就像是两条平行线，绝无相交的可能，但缘分就是这么的玄妙，不相干的两个人硬是在命运之神的安排下见面了。

这一天，阿凤受朱逸民的邀请，前往张府做客，做客期间，刚巧遇上了前来张府拜访的孙中山和蒋介石，于是俩人就这样见面了。刚一见面，蒋介石就被眼前这位美丽天真的少女吸引住了目光，他暗自下决心：一定要把她追到手。当天，从张府出来后，蒋介石并没有离开，而是守候在张府门口，希望能等到阿凤。

功夫不负苦心人，经过一番苦等，蒋介石终于等来了心上人。当时的蒋介石喝了酒，已经有几分醉意。俗话说，酒壮怂人胆，蒋介石从来就不是怂人，在微微酒意之下，他更是胆大包天。他拦下了阿凤，并提出要送她回家。当时的阿凤还是个十多岁的小姑娘，哪遇到过这样胆大包天的追求者呢，所以当场吓得花容失色，只留下个编造的门牌号就慌慌张张地跑掉了。

蒋介石是什么人，怎么可能遭遇一点点挫折就轻易放弃？不久，他就拜托张静江为自己提亲。当时，蒋介石正处于事业的低潮期，要钱没钱，要权没权，而且家里已经娶了一妻一妾，稍微有点头脑的人都不可能把女儿嫁给他。阿凤的母亲就很有头脑，所以她毫不留情地拒绝了蒋介石的提亲。

蒋介石没有就此放弃，他见张静江这张牌没效果，就选择了自力更生，他硬是凭着陈洁如留下的错误地址，找到了陈家。蒋介石找到陈洁如的这天，天气晴朗，阳光明媚，而阿凤正在自己家里绣花，蒋介石的到来让她大吃一惊，完全不知所措。

蒋介石连忙抓住机会，逼得阿凤答应与他再见一面。第二次见面，蒋介石就迫不及待地把阿凤带到了酒店。对阿凤来说，她与蒋介石的这次约会与甜蜜浪漫半点边都沾不上，而且，要不是她坚定地拒绝，少女的贞节就差点不保了。尽管没有失身，但这次约会还是让天真不谙世事的阿凤吓得够呛，蒋介石在她心目中的形象本来就不咋的，这样一来，印象分直接为负了。

虽然没能博得阿凤的好感，但蒋介石绝不是轻言放弃之人，陈父过世的消息传到蒋介石的耳中时，他敏锐地感觉到这是个好机会。于是，蒋介石穿着孝服出现在了陈家，他脸上显出悲切之色，好像死的不是陈父，而是他的亲生父亲。望着蒋介石的悲容，善良的阿凤从心底原谅了这位曾经企图对她不轨的蒋先生。

对蒋介石来说，阿凤心里是怎么想的怎么能逃过他的眼睛呢？所以，后来的一切也就顺理成章地发生了，阿凤的好姐妹朱女士再一次地出现在了陈家，这一次，她向陈母转达了张静江的话：蒋介石虽然现在落魄，但他不是一般人，将来必定要飞黄腾达的。如果陈母再拒绝这门婚事，就是不给张家面子。

而蒋介石也信誓旦旦地表示，他与前妻毛氏和妾室姚氏都不再有婚姻关系，阿凤嫁给他，绝对是堂堂正正的蒋夫人，绝不会让她受委屈。陈母多番考虑下，最终答应了这门婚事。虽然母亲已经同意了婚事，但阿凤毕竟还是个小姑娘，不免心里忐忑不安，蒋介石为了让她安心，不仅发下毒誓，而且要砍掉自己的一根手指来表明自己的心意。这样的阵势，阿凤哪里见过？惊吓之余，她连忙阻止了蒋介石自残的行为，心头也涌起甜蜜的感觉。

结良缘◎新婚燕尔

后来，蒋介石提出："陈凤是你的乳名，应当只供你母亲使用。依照中国礼节，乳名是不宜给朋友叫的。因此，我已为你选了一个新名字，我想它恰合你的性格。这个名字是'洁如'，意思是'如同纯洁'或'如同未受世间污染'。在我看来，你真是纯洁无瑕的。"就这样，陈凤变成了陈洁如。

1921 年 12 月，蒋介石终于得偿所愿地与陈洁如举行了婚礼。这场婚礼是在上海的大东旅馆举行的，举办婚礼的大厅被布置得富丽堂皇，喜气逼人。作为新郎的蒋介石身穿长袍，外套马褂，英俊潇洒，引人注目，而新娘陈洁如别出心裁地选择粉色的礼服，并在头上戴上了漂亮的珍珠头饰，显得既时尚又漂亮。

婚礼上，一对新人还相互交换了礼物，陈洁如收到了一台相机，而蒋介石则收到了一只带金链的怀表。多年之后，陈洁如对这场婚姻仍然记忆犹新，她回忆道："婚礼仪式分为两部分：第一部分是在结婚证书上用印，以确认这种现代式中国婚姻；这仪式要在大厅一端的一大礼桌旁举行。第二部分是在对面另一端的供案前，象征式地祭拜天地祖宗。"

热闹的婚礼结束后，陈洁如紧张地坐在了新房的床上。蒋介石将门锁好后，走过来一把抱住了她。陈洁如紧张得不得了，心怦怦地跳得厉害。这个新婚之夜，陈洁如毕生难忘，她的丈夫是如此的热情而富有激情，让她也不由得沉醉其中。新婚第二日，两人一步都不想离开对方，连早餐都安排在了婚房里，用完餐后，蒋介石不由得傻笑出声。

蒋介石为什么会这么开心呢？原来在他的心中有三个愿望，第一个愿望就是与陈洁如结成夫妻；第二个就是要在获得孙中山先生信任的基础上，成为他的接班人；第三个愿望则更加宏大，他希望有一天能统一中国，并成为仅有的领导人，统管全国的军事力量。

现在，第一个愿望已经实现了，蒋介石觉得这是个好兆头，觉得其他的愿望也会在不久的将来得以实现。中国人都相信好兆头能带来好运，蒋介石会这么想很正常，而且后来的事实也证明了陈洁如的到来的确给他带来了好运。蒋介石与她结婚后，他的事业就渐有起色了。

婚后不久，小两口回蒋介石家乡祭祖。在这期间，他们把臂同游，一起沉醉在湖光山色之中。在四明山如画的风景中，蒋介石抱紧陈洁如，说道：“我爱这山水，但多少年来这是最快乐的一次，因为身边有了你。”

陈洁如非常感动，从四明山回程的路上，她看着身边的蒋介石，牢牢握住他的手，觉得非常幸福。蒋介石比陈洁如年长差多不二十岁，由于俩人的生活经历相差太多，所以他们其实是没有什么共同语言的。为了拉近同丈夫的距离，陈洁如特意买来许多相关的书籍，研究中国革命形势和国民党的情况。陈洁如不是光有外貌的草包美女，经过一番学习后，她也能时不时与蒋介石讨论一下当前的局势了。

性洁如◎温良恭顺

不管蒋介石迎娶陈洁如是因为贪图美色，还是因为真正的爱情，不得不说，婚后的蒋介石对陈洁如是非常宠爱的。某次，陈洁如前往广州，蒋介石特意放下公务前去迎接，结果当天没有接到，于是第二天又去了，这次得偿所愿，终于接到了自己宠爱的妻子，蒋介石非常高兴，完全忘记了前一天没接到人的懊恼和不开心。

1925年，陈洁如在汕头时，蒋介石陪伴姚氏和蒋纬国刚好路过此地，一向胆大包天的蒋介石竟然也不安起来。在当天的日记中，蒋介石将他的心情写了下来："上午同冶诚将经汕，心殊怦怦，恐洁如不悦也。"

陈洁如心地善良，虽然是后妈，但在对待蒋介石的两个儿子上，完全是亲妈本色。不仅如此，她还非常同情蒋介石原配毛福梅的遭遇，总是竭尽所能地帮助她。蒋经国在上海读书期间，陈洁如对他悉心照料，所以，蒋经国与她十分亲近，把她叫作“上海姆妈”。

蒋经国长大后，这对后妈继子的关系仍然非常好。蒋经国提出出国留学的要求时，蒋介石起初是不同意的，后来还是陈洁如从旁劝说，蒋介石才点头同意蒋经国前往苏联留学。在蒋经国留学期间，陈洁如得知他生活拮据，就拿出自己的私房钱来接济他。

对待蒋介石的另一儿子蒋纬国，陈洁如也是尽心尽力，关爱备至。陈洁如的贤良换来了两个继子的爱戴和丈夫的宠爱。可惜的是，陈洁如一直没有自己的孩子，后来，在他人的介绍下，她收养了一个女婴。这名女婴就是后来一直陪伴陈洁如左右的养女瑶光。

虽然年龄相差很大，但这对老夫少妻还是过得非常幸福的，如果不是后面一系列事情的发生，陈洁如还会一直幸福下去。但是，蒋介石生命中的另一个女人出现了，这个女人就是宋氏家族的宋美龄。

虽然陈洁如青春年少，但她的这些优势在宋美龄强大的家族背景下显得那么的微不足道，宋氏家族能给蒋介石带来的助力，她就是拼命也赶不上。

陈洁如在宋宅与宋美龄碰过一面，当时她陪同蒋介石去参加宋家的鸽子宴。在宴会上，蒋介石和宋氏姐妹相谈甚欢。几个月后，蒋介石收到宋美龄写给他的信，看完信后，蒋介石有些失落，他对陈洁如说：“看看权位如何重要，有朝一日，你爬上去了，所有人就会一窝蜂来巴结你。”接着，他提出想邀请宋美龄前来做客的想法，并征询陈洁如的意见。虽然陈洁如心里非常不痛快，但她还是选择了相信和支持丈夫。

然而，接下来发生的事情就像脱缰的野马一样，完全脱离了陈洁如的掌控。政治形势变幻万千，南昌被北伐军攻克后，蒋介石面临着权力被剥夺的险境。在此情况下，蒋介石不得不向宋氏家族求援。宋氏家族也大方，随即提出，要想得到他们的支持也不是难事，但宋美龄必须成为蒋介石唯一的合法妻子。

蒋介石绝对是名副其实的野心家，既想要江山，也想要美女。当两者不可兼得之时，他毫不犹豫地放弃了美女，而选择了江山。于是，曾经一往情深的蒋介石要求陈洁如离开中国去国外。对陈洁如来说，蒋介石的要求无疑是晴天霹雳，打得她半天回不过神来。为了让陈洁如安心离开，蒋介石劝说道："我和宋美龄只是一桩政治婚姻，你离开 5 年，5 年之后我们一定恢复夫妻关系。”

被抛弃◎为爱牺牲

虽然蒋介石同陈洁如的夫妻感情不错，但他自始至终并未把她当作要相伴一生的人，在与陈洁如婚后不久，他就开始追求宋美龄。后来，蒋介石政途受阻，权力受到威胁之时，他便明目张胆地将“蒋宋联姻”一事搬上了台面。

他向当时的发妻陈洁如提出，希望她为他的前途着想，将妻子的位置腾给宋美龄 5 年。妻子的位置还有腾来腾去的，这可真是天下奇闻！面对这么荒唐的要求，陈洁如当然不能同意了，不但不同意，生性善良的她还难得地愤怒了。随后，愤怒中的陈洁如离开九江回到了上海的娘家。

同年 8 月，蒋介石以退为进，宣布下野。所谓下野不过是蒋介石的一次作秀罢了，他从未放弃掌控国民党政府的野心，也从未放弃与宋氏联姻的计划，在下野之前，他还亲自前往上海，劝说陈洁如及其母亲。

不知是出于对丈夫的信任，还是见事情已无回转的余地，1927 年 8 月，陈洁如在蒋介石的安排下，登上了前往美国的轮船。在航行的过程中，陈洁如通过无线电听到了《蒋中正家事启示》。这份启示极尽歪曲之能事，声称蒋介石从未与陈洁如有过婚姻关系，并已与她断绝一切往来。

这时候的陈洁如才反应过来：蒋介石之前的承诺不过是为了骗她出国的借口而已。得知真相的陈洁如痛不欲生，几次打算结束自己年轻的生命，幸好都被同行的人救了下来。

1927 年 12 月，蒋介石终于如愿地娶到了宋美龄。与宋美龄结婚之时，他与陈洁如的婚姻关系还未结束，直到第二年春天，陈洁如才在虞洽卿的劝说下，无奈地与蒋介石办理了离婚手续。即使到此时，天真的陈洁如心中还抱着一丝幻想，期待着蒋介石能实现他在佛前所发的毒誓，于五年后恢复两人的婚姻关系。

孑然一身◎终是你负了我

陈洁如前往美国时，才21岁，从此，她再未与蒋介石见过面。初到美国的陈洁如，人生地不熟，经济状况也不乐观，加上刚刚遭受感情的挫折，状况非常不好。随后，从情伤中恢复过来的陈洁如将全部的精力投入到学习之中，并于5年后，取得了硕士学位。

1933年，陈洁如在养女瑶光的陪同下，回到上海定居。在此期间，她曾给蒋介石去过几封信，均未得到回复，只收到了蒋介石给予的几万元钱。曾经的丈夫如此无情，曾受她照顾的蒋经国倒是还念着她的好，时常去探望这位“上海姆妈”。

国民党从大陆撤离时，陈洁如在女婿陆久之的劝说下，没有跟随国民党前往台湾，而是留在了大陆。陈洁如此举有现实的考虑，又何尝不是对丈夫的彻底死心呢？留在上海的陈洁如受到了欢迎和尊重，她不仅获得了上海市政府给予的生活补贴，而且成了区政协委员。后来，由于形势的变化，陈洁如在各种压力之下，移居到香港。

在此期间，蒋介石托人给陈洁如带来一封亲笔信，在信中，蒋介石这样写道：“曩昔日风雨同舟的日子里，所受照拂，未尝须臾去怀。”从这封信，我们不难看出，蒋介石还是对陈

洁如有几分感情的。不过，在大好的江山和生杀予夺的权力面前，这几分感情又算得了什么呢？不管之前是如何的浓情蜜意，蒋介石还是毫不留情地抛弃了陈洁如，给这位善良的女人带来一生的悲剧，让她一生孤苦，最后独自老死在香港的家中。

虽然被伤得体无完肤，但陈洁如还是忘不了今生唯一爱过的男人，在临终前，她曾给蒋介石写过一封信，信中写道："三十多年来，我的委屈唯君知之。然而，为保持君等家国名誉，我一直忍受最大的自我牺牲，至死不肯为人利用。"

从 1921 年到 1928 年，陈洁如与蒋介石的婚姻维持了七年，这七年，蒋介石经历了大起大落，而陈洁如一直都陪伴左右，从未离开。然而，她的不离不弃却换来被抛弃的下场。更让人难以接受的是，多方势力为了维护蒋介石的正面形象，不遗余力地对陈洁如进行污蔑和指责。而那个曾经发誓爱她一辈子的男人，虽然手握实权，却从未阻止过他人对陈洁如的污蔑和侮辱。

陈蒋两人的婚姻最终以陈洁如的孤苦一生收场，而宋美龄与蒋介石这对因为政治而结合到一起的夫妻，最终相守到老。

其实你从来没有爱过我

轻轻的我走了，正如我轻轻的来；
我轻轻的招手，作别西天的云彩。
那河畔的金柳，是夕阳中的新娘；
波光里的艳影，在我的心头荡漾。
……
悄悄的我走了，正如我悄悄的来；
我挥一挥衣袖，不带走一片云彩。

——徐志摩《再别康桥》

曾经一度叹惋过徐志摩和林徽因的爱恨难圆，也不知道多少次为了那一曲《再别康桥》而伤怀不已，然而，当真正了解徐志摩之后，却突然觉得，原来，他当初和张幼仪离婚是那样的不明智，突然发现这个一直以来都以徐志摩的婚姻配角出现的女人是那样的可敬可爱。

张幼仪，是徐志摩的发妻，她，是中国离婚第一人，只因为，她的丈夫如此希望。这个出生在清末的女子是那般温良恭俭让，她有着旧式女子一切的美德，更有着新时代女性的干练与豁达，是以，虽然她深爱的丈夫将她弃若敝履，她却并没有因此而沉沦，她用事实告诉了徐志摩，抛弃她，是一种错误。

徐志摩与林徽因的情事，或许在他本人看来是浪漫多情的，甚至他最后与陆小曼结合在他看来也并没有什么不对。可是，他可曾想过，发妻张幼仪将情何以堪，难道因为一个女人深深地爱着你，你便可将她伤得支离破碎吗？

不同于旧时代的许多女子，张幼仪本人并不是花瓶，饶是情殇彻骨，她却依旧坚强地活着，努力地去演绎了另一片属于自己的精彩，她，并不是徐志摩的附庸，抛弃她，是徐志摩一生的错误，但，对她本人而言，或许就是一种幸运。

爱过了，恨过了，痛过了，怨过了，再没有伤心的理由，即便，爱他爱到心憔悴，既然已经天涯陌路，那么又何必为了往事永远纠结，伤心过后，潇洒前行，痛在心间，微笑依旧，这才是真正的张幼仪吧。

姻缘会◎媒妁之命

张幼仪，又名张嘉玢，1900 年生于江苏宝山，张家虽然算不得什么豪门大族，但也是书香门第，世代簪缨，家境很是优渥。在与徐志摩完婚之前，她也曾一度入读江苏省立第二女子师范学校，接受了新思想的熏陶。

但是，在那个女子无才便是德的年代，在那样传统的书香世家，她的求学之梦却最终被生生扼杀，对这一切，张幼仪表现得相当乖巧与顺从，这个传统的“大家闺秀”，有着旧式女子身上所具备的一切美德，这样的儿媳，也让徐家大家长徐申如，也就是她的公公满意非常。

然而，在徐志摩的眼中，张幼仪一直都是一个“乡下土包子”，这也是张幼仪在 1915 年 12 月 5 日与徐志摩完婚后不久从家中下人口中得知的。她的丈夫徐志摩之所以和她完婚不过是迫于父母之命，实际上两个人之间根本就没有感情基础，即便婚后的张幼仪一度希望能够相夫教子，家庭美满和谐，然而，理想很丰满，现实很骨感，在徐志摩而言，这个妻子，就是父母强加给他的一副枷锁，令他厌恶。

缠足，对那个时代的女性似乎是一种宿命，张幼仪小的时候也没能幸免，最后，能够免于“劫难”，还是因为二哥张

君劢实在是见不得妹妹如此痛苦，于是张幼仪便成了家里第一个天足的女子。天足，在民国初年，甚至一度被认为是新女性的特征之一，然而，这一点，在徐志摩这里并不能得到认同，“对于我丈夫来说，我两只脚可以说是缠过的，因为他认为我思想守旧，又没有读过什么书”。

张幼仪知道徐志摩是不喜欢她的，他和她在一起，是那样的勉强，他们没有共同语言，她的丈夫更从心眼里看不起她，但是这个温顺的女子却用一生爱着这个并不爱她的男人，她竭尽全力地想要挽救自己的婚姻，只是，最终，她失败了！

“除了履行最基本的婚姻义务之外，对我不理不睬。就连履行婚姻义务这种事，他也只是遵从父母抱孙子的愿望罢了”。其实，这就是张幼仪婚后生活的真实写照，婚后三年，徐志摩陪伴在张幼仪身边的日子甚至都不足半年，这是何等可悲而令人难堪的事情，但，她还是忍了下来，因为她爱他。

痴情女子负心郎，自古皆然，1918年，张幼仪和徐志摩的孩子，徐家的长孙徐积锴出生了，于是自认为已经完成了“任务”的徐志摩完全不顾发妻的感受，非常潇洒地就出国了。他曾先后旅美旅英，就读于克拉克大学历史系和伦敦大学经济学院，在这期间，这个狠心的男人从来都不曾过问过他孩子的母亲、他实际上的妻子，而是疯狂迷恋上了小自己好几岁的林徽因。

“我晓得那是他，他的态度我一眼就看得出来，不会搞错。因为他是那堆接船人当中唯一露出不想到那儿的表情的人。”1921 年的春天，当张幼仪怀抱着无数美好的幻想希望能够和丈夫在异国他乡琴瑟和鸣的时候，徐志摩再次深深伤害了这个痴情女子柔弱的心。或许，自己就不应该来吧，自己的到来，反而打扰了丈夫的生活。这，是多么可笑的一件事情啊！

原本，张幼仪来欧洲，是希望能够继续自己的学业的，她知道，正因为自己没文化，丈夫才看不起自己，她希望能够改变这种状况，然而，实际上，在和徐志摩异国重聚之后，她扮演的角色与其说是妻子，还不如说是一个保姆，或者说其实她连保姆都不如，最起码，雇主对保姆不会永远疾言厉色。

徐志摩崇尚自由，渴望新生活，厌恶包办婚姻，这些，张幼仪都能够包容他，甚至，明明知道他的心中另有所爱，她依旧没有放弃对他的爱恋，她依旧想要维系这名存实亡的婚姻。

张幼仪的倔强与痴情，实际上就是对自己的一种伤害，当那个男人在明明知道自己身怀有孕却依旧不管不顾地离去时，她就应该明白，这个男人其实不是她的良人。

爱成全◎人生低谷

张幼仪直到离婚的那一刻才真正认清，徐志摩是何等无情的一个男人，在这之前，即便遭遇了再多的伤痛，她都选择了包容，因为，她，是他的妻子。

张幼仪来英国数月之后，她怀上了和徐志摩的第二个孩

子，新生命的出现本应该是令人喜悦的，然而当她兴冲冲地将这个消息告诉徐志摩的时候，得到的却是丈夫冰冷的四个字：“你去打胎。”

“打胎很危险啊，有人会因打胎而死掉的。”张幼仪还记得那个时候自己和丈夫的争辩，也正是那个时候徐志摩的狠心让她感到了心寒。

“坐火车肇事还会死人的，难道你就不坐火车了吗？”这是徐志摩当时对张幼仪说的话。那一刻，张幼仪的心痛得仿佛要滴血，这，就是自己的丈夫吗？自己深深爱恋了三年的丈夫，自己曾经希望能够托付一生的男人？他，竟然真的可以冷漠绝情如斯！

实际上，张幼仪明显还是低估了这个男人的绝情程度，就在知道她怀孕的一周之后，这个男人离家出走了！

身在异国，举目无亲，身怀有孕，却遭丈夫离弃，张幼仪一时间感到万念俱灰，生无可恋，这个时候，她想到了死，可是当真正要自杀的时候，她却又犹豫了，“身体发肤，受之父母，不敢毁伤，孝之始也。”这个接受了传统教育的女子，在这一刻，想到了父母，想到了兄弟，她豁然明白，自己若如此离去，对家人是何等的不负责任，家人惊闻噩耗，又该是何等的悲痛欲绝，年迈的父母，又怎能承受丧女之痛？为了一个狠心的男人，将自己一家人陷入到如斯境地，是否值得？不值！

那个男人根本不值得自己用全部的生命去爱！

经历过这场未遂的自杀之后，张幼仪突然觉得自己省悟了，难道离开了他徐志摩，我张幼仪就一无是处，就无法生活了吗？妇女能顶半边天！我张幼仪不是那秋天的扇子，不是毫无用处的花瓶，靠我自己的双手，我依旧能够活得很好，能够撑起一片属于自己的无雨晴空。

但，虽然有了如此的觉悟，但是当丈夫的好友黄子美上门，带来了徐志摩的口信时，张幼仪依旧是如遭雷劈。

“你愿不愿意做徐家的媳妇，而不做徐志摩的太太？”那个时候，黄子美这样问她，与此同时，他也转述了徐志摩那荒唐的离婚理由：“小脚与西服不搭调。”

张幼仪不知道自己当时是如何支撑着没有倒下的，对一个女人来说，尤其是一个已经出嫁的传统女人来说，丈夫就是她的天，而现在，张幼仪的天塌了，她觉得自己的世界就要崩溃掉了，女人的心永远都是那般的柔软，即便她已经对徐志摩失望，但，离婚这样严重的字眼她还真的没有想过。

遭逢剧变，张幼仪手足无措，她纵然是坚强与倔强的，但，她终究还是一个孱弱的女子，她不知道自己应该怎么办，她如今身怀六甲，孩子的父亲却要将她抛弃，这对一个一度渴望家庭幸福，从一而终的女人来说，是何等的残酷，这个时候，她蓦然想到了自己的兄弟们，于是她给自己的二哥张君劢和七弟张景秋写信求助了。

骨肉亲情，血浓于水，她相信纵使整个世界都抛弃了她，她的兄弟也不会，她就像是一个落水的人，而兄弟便是她最后

的救命稻草。

这个世界上最爱你的永远都是你的亲人，这，永远都不会错。

在张幼仪人生最彷徨的时刻，兄弟们向她伸出了援手，二哥甚至在回信中这样劈头盖脸地责问：“张家失徐志摩之痛，如丧考妣”。

二哥是愤怒的，是对徐志摩的愤怒，也是对张幼仪的愤怒吧，怒其不争，这样一个绝情负心的男人，你又何必为了他的离去而伤心欲绝，完全就没有必要！

在信中，二哥这样嘱咐张幼仪：“万勿打胎，兄愿收养。抛却诸事，前来巴黎。”

最后，张幼仪怀着满腔复杂的思绪到了巴黎，投奔了二哥张君劢，在二哥乡下的朋友家中，张幼仪想了很多，她回想自己的婚后生活，回想自己的言行举止，蓦然觉得自己的确不像是一个新时代的女子，太过传统与守旧了，然而，即便如此，这也不能成为徐志摩将她弃若敝履的理由。

这个时候，张幼仪才突然知道，自己错得是何等的离谱，自己将自己当作了一个男人的附属，又怎么可能被这个男人重视和认同呢？

“不管发生什么事情，我都不要依靠任何人，而要靠自己的两只脚站起来。”张幼仪终于站了起来。对徐家，对徐志摩，她再也没有多少留恋，她的丈夫遗弃了她，但是她不能遗弃自己，从此之后，她张幼仪要为自己活着！

1922年2月24日，张幼仪在德国诞下了她的第二个儿子彼得，陪伴在她身边的是七弟张景秋。彼得的降生，并没有能够让徐张之间早已破败的婚姻得到什么转机，实际上，就在彼得出生后几天，张幼仪便接到了徐志摩的离婚协议书。

离婚可以，但不能如此草率，这段婚姻既然已经注定要画上句号，那么便结束了吧。但是，这样重大的事情，最起码要两个人面对面吧。于是，徐志摩来了。当看到儿子彼得的时候，他显得很高兴，但是他“始终没问我要怎么养这个孩子，要怎么活下去”，这一刻，张幼仪是真的伤心了，甚至死心了。

“你要离婚，等禀告父母批准才办。”面对徐志摩的咄咄逼人，张幼仪做了最后的挣扎，然而，徐志摩的回答却让她的心彻底地死了。

那个时候，徐志摩是那般的强硬与决然，他说：“不行，不行，你晓得，我没时间等了，你一定要现在签字……林徽因要回国了，我非现在离婚不可。”

张幼仪还是签字了，当在离婚协议书上签下自己的名字的时候，张幼仪感到了前所未有的轻松，她仿佛是一只被久困樊笼的小鸟，终于展开了飞向蓝天的翅膀。是的，这一刻，解脱的，是她的心，离婚，对她来说未尝不是一种幸福，当她非常坦然地告诉徐志摩“你去给自己找个更好的太太吧”的时候，旧的张幼仪死了，新的张幼仪出现了。

徐志摩走了，毫无留恋，他去寻找他的林徽因了，只是得到的却是林徽因回国并结婚的消息，他的梦便仿佛是那最美丽

梦幻的肥皂泡般破碎了。

才华横溢的徐志摩为什么就无法获得林徽因的芳心？其中原因众说纷纭，但，最主要的，恐怕还是林徽因对徐志摩缺乏信赖吧，一个能对发妻如此决然的人，一个能够为了新欢抛妻弃子的人，又有哪个女人会痴傻如张幼仪将一生相托？

获新生◎无可畏惧

虽然，张幼仪和徐志摩离婚了，但，对于曾经的公公婆婆她却依旧尊敬如昔，事实上，整个徐家，除了徐志摩这个丈夫之外，没有谁对张幼仪不认同的。张幼仪怀着彼得的日子里，曾经写信给公公徐申如，表达了自己在怀孕期间想要读书的诉求，公公毫不吝啬地给予了她极大的经济援助，正是有了这笔钱，张幼仪才得以维持她在裴斯塔洛齐学院的学业和支付那位维也纳保姆的工资。

一个独身女人带着孩子在异国他乡过活，该是何等的艰难，但是这些，她那位浪漫的丈夫从来都不会去考虑。在得到了张幼仪签字的离婚协议书之后，他早已经心花怒放，去追赶他的挚爱林徽因去了，甚至，为了表达自己对林徽因的爱是何等的赤诚，他甚至在1922年11月8日的《新浙江·新朋友》上专门刊出了《徐志摩、张幼仪离婚通告》，在这份通告中，他是这样表述这段婚姻结束之后他的感受的："我们已经自动挣脱了黑暗的地狱，已经解散烦恼的绳结……欢欢喜喜地同时解除婚约……现在含笑来报告你们这可喜的消息……”只是，最终，他的热情并没有让林徽因动容，林徽因已经另嫁，徐志摩对她的热情也逐渐消退，这之后，徐志摩恋上了妖娆的陆小曼，但陆小曼却是有夫之妇，面对舆论的压力，他不得不避祸欧洲，也就是在那个时候，他得到了次子彼得离世的消息。

这个夭折的孩子，当时才三岁多一点儿，而就在他夭折的前一天，他那位在父母逼迫之下不得不赶往柏林的父亲还在和自己的新爱人抱怨，他说:“再隔一个星期到柏林，又得对付张幼仪了，我口虽硬，心头可是不免发腻。”

实际上，当徐志摩到达柏林的时候，见到的不过是彼得的骨灰，这位父亲，终于落下了眼泪，这之后，在他再次致信陆小曼的时候也由衷地说出了这样一段话 ：“C（张幼仪）可是一个有志气有胆量的女子，她这两年来进步不少，独立的步子已经站得稳，思想确有通道……她现在真是‘什么都不怕’，将来准备丢几个炸弹，惊惊中国鼠胆的社会，你们看着吧！”

彼得夭折之后不久，张幼仪也离开了柏林这个伤心之地，回国了。

回国之后，张幼仪在北京定居下来，并在和徐申如夫妇商量之后，将长子阿欢也接了过去，她自己的儿子，她要自己来抚养。与此同时，徐志摩也回国了，而且在不久之后，让整个京城都知道了他的名字，因为，徐志摩和陆小曼结婚了！

他们的婚礼于1926年10月在北海公园举行，那个时候，甚至轰动了整个京城，但他们的婚姻，却没有得到双方家长的祝福。“德有伤，贻亲羞”，在那个时候，这场婚姻更多的被认为是“伤风败俗”的，甚至徐志摩的老师梁启超在闻听此讯之后，也斥责不已：“徐志摩，你这个人性情浮躁，所以在学问方面没有成就；你这个人用情不专，以致离婚再娶……以后务要痛改前非，重新做人。”

相比梁启超的斥责，徐申如夫妇表现得更加激烈。他们无论如何都想不明白，儿子为什么会放弃嘉玢那么好的媳妇，而要娶一个“狐媚放荡”的女人，正因如此，他们甚至都不肯见陆小曼一面，而且在徐志摩和陆小曼回到老家之后的一个月，就动身北上，投奔儿媳兼养女张幼仪去了。

出于对徐志摩的不满，徐申如断绝了对他的经济资助，并将家产一分为三，老两口自己、徐志摩夫妇、张幼仪母子各得一份，但实际上，由于徐志摩对整个家族的不负责任，徐家的家业必须依靠张幼仪这样一个柔弱女子将之撑起，徐家的经济掌舵人，已经易主。

三十年◎再着嫁衣

带着儿子，和养父徐申如夫妇生活了一段时间之后，张幼仪于1927年初回到上海，为母亲奔丧，当时的张家，在上海也算是具备了一定的根基，所以，在处理完母亲的后事之后，张幼仪听从家人的建议，并没有离开上海，而是留了下来，随后不久，她的第一家公司云裳时装公司在沪营业。

公司开业之后不久，时任中国银行副总裁的四哥张公权建议妹妹就任上海女子商业银行副总裁，张幼仪欣然允诺，从此之后，这位命途多舛的奇女子开始了自己的商业传奇。

她却不知道，她的前夫徐志摩在写给鲁迅的一封信中，曾作如是言："我新办两家店铺：新月书店老兄想必听过，还有一家云裳时装公司，专为小姐、娘儿们出主意的，老兄不笑话吗？"真不知道，这位自诩浪漫新潮的诗人怎么如此厚颜，纵便是乃父徐申如为公司的第一股东，其中心血种种，却都是张幼仪在操持，你说出这番话来，便不觉得良心不安？

不过，这些，却也不必太过在意了，人死如灯灭，一了百了，无论徐志摩生前如何，但，他毕竟还是张幼仪曾经的丈夫，是以，当1931年11月19日因所乘飞机触山爆炸而遇难的徐志摩后事无人操持之时，张幼仪还是去了。

这个时候的张幼仪已无昔日的懵懂，已经成长为了一位精明干练的女强人。她让家人前往济南领回了徐志摩的遗体，并断然拒绝了陆小曼举行西式葬礼的意见，为徐志摩举行了一场隆重但不失简约的葬礼。

这，或许是她能为徐志摩所做的最后一件事吧，一日夫妻百日恩，徐志摩纵使绝情，张幼仪待他却是仁至义尽，情深意重了！

徐志摩若是泉下有知，会否痛哭流涕，悔不当初。

挣脱了与徐志摩的情感牢笼，张幼仪的天赋被高高放飞，她的商业嗅觉是如此敏锐，她的商业天赋不容置疑，仅仅在八年抗战期间，她先后投资服装、棉花、黄金等领域，凭着其得天独厚的敏锐，赚取了钱财无数，成为了名副其实的“女财神”。

新中国成立之前不久，张幼仪移居香港，在香港，孀居三十多年的张幼仪迎来了自己人生之中的第二春，她和自己的邻居苏纪之相恋了，当苏纪之终于求婚的时候，这个已经53岁的商场女强人却表现得像个新婚的小女孩，她致信去征求二哥和四哥的意见，但，对此事，一向疼爱张幼仪的二哥张君劢却很是矛盾，在他看来“饿死事小，失节事大”，儒家礼义不可偏废，是以在踌躇迟疑很久之后，他才表示:“此名教事，兄安敢妄赞一词？妹慧人，希自决。”

相比于二哥的纠结，四哥张公权也不是非常爽利，只不过是劝妹妹要坚守并认清自己的本心。无奈之下，张幼仪只得再次征求儿子的意见，对此，阿欢表示:“母孀居守节，逾30年……母职已尽……母如得人，儿请父事。”

对苏纪之，张幼仪的确是心存好感的，这回又得到了儿子的支持，于是1953年，张幼仪终于在东京再婚了。自从与苏纪之结婚到1972年苏纪之癌症辞世，20年的时间内，张幼仪无疑是幸福的，这种幸福，是已逝的徐志摩本应该给她却从来都没有给过的。丈夫逝世后，张幼仪迁居美国，与儿子长居，直至1988年逝世，而她死后，她的墓碑上刻着的是“苏张幼仪”四个字。这，是对苏纪之的尊重，也是对自己感情的尊重！徐志摩已经成为了她生命之中的过客，哪怕他是她儿子的父亲。

铿锵玫瑰◎爱情不是全部

张幼仪爱徐志摩吗？无疑是爱的！她曾经是那么深刻地爱着那个男人，甚至曾经一心一意地用全部的生命与爱去经营过这份感情，只可惜，她的痴情其实已经错付，徐志摩并不是她的梁山伯。

“你晓得，我没办法回答这个问题。我对这个问题很迷惑，因为每个人总告诉我，我为徐志摩做了这么多事，我一定是爱他的。可是，我没办法说什么叫爱，我这辈子从没跟什么人说过‘我爱你’。如果照顾徐志摩和他家人叫作爱的话，那我大概是爱他的吧。在他一生当中遇到的几个女人里面，说不定我最爱他。”当有一次被问及是否还爱着徐志摩的时候，张幼仪这样说。

是的，作为一个“弃妇”，一个被徐志摩深深伤害过的女人，张幼仪无疑是宽容的。她帮他照顾徐申如夫妇，尽他未尽的孝道；她帮他出诗集，圆他生前未能圆的梦，她为她做了这么多，还不能说明她有多么爱他吗？

爱一个人很简单，恨一个人却真的很难！

徐志摩，是她张幼仪的第一个丈夫，他，几乎坐拥了她的所有芳华，她的韶华灿烂，她的倾城容颜。

可以说，是徐志摩毁掉了张幼仪，也是他成就了张幼仪，没有徐志摩的咄咄相逼，没有儿子彼得的死，张幼仪也无法涅槃。

梁实秋在《谈徐志摩》一文中，对张幼仪评价得最为中肯："她沉默地、坚强地过她的岁月，她尽了她的责任，对丈夫的责任，对夫家的责任，对儿子的责任——凡是尽了责任的人，都值得尊重。"张幼仪这样说，"我一直把我这一生看成两个阶段：'德国前'和'德国后'。去德国以前，我凡事都怕；去德国以后，我一无所惧。"

的确，在德国，与徐志摩离婚，在德国，儿子彼得夭折，这样的打击，对于那个曾经怯懦的张幼仪来说几乎是致命的，然而，也正是这样沉痛得让她看不到希望的残酷过后，张幼仪浴火重生了，也就是在那之后，她认清了徐志摩，同时也认清了她自己。

她再也不愿做那依附于高墙的牵牛花，而要成为一朵在狂风暴雨之中依旧骄傲绽放的红玫瑰。

张幼仪的一生都是执著的，是倔强的，她执著于自己的婚姻，执著于自己的家庭，执著于自己的事业，执著于自己的人生。她，就是用这份近乎偏执的执著顽强地演绎了自己的生命传奇。

曾经的她或许是柔弱的，但，当她真正成长的时候，却没有任何人可以忽视她的峥嵘与锋芒。

这一生，是徐志摩将她亏欠，但，她还是无法否认自己爱他，一直都爱。

被最爱的人背叛，才会伤得刻骨铭心！

因为太过在乎，所以才会一次次被伤。可没有爱，又哪里来的恨？

痴情女子，痴情依旧，只是，柔弱的小草已化作了铿锵玫瑰，爱还在，却已经不是生命的全部！

因为爱你，我尊重你的决定

你是一树一树的花开，是燕在梁间呢喃，

——你是爱，是暖，是希望，

你是人间的四月天！

——林徽因《你是人间四月天》

提到国学大师金岳霖，我们就无法不提到那个书写了《你是人间四月天》的女子林徽因。少女时代的林徽因，的确是人见人爱，花见花开的大美女，那个时候，围绕在她身边的人不知凡几，这其中，金岳霖、梁思成、徐志摩更是其最忠实的拥趸和粉丝。

林、徐、金、梁四人之间的情事完全可以写成一本书，若是拍成电视剧的话，绝对会压过什么《对不起，我爱你》之类的情感大剧。

相比于热情如火、长怀着诗人浪漫情怀但没有担当与责任感的男人徐志摩，金岳霖无疑是理性而持重的。

不是有那么一句话吗，爱一个人就是希望她幸福。

金岳霖做不到徐志摩那般为了爱情不顾一切的疯狂，但，他对林徽因的爱却不曾少上半分。他的爱是那样的深沉，那样的纯粹，但，却不会让人感到沉重。

金岳霖有多么爱林徽因，从他终生未娶这一点就可见一斑，但，金岳霖的爱，虽不热烈，却是醇厚的，纵使爱林徽因爱到了骨子里。当林徽因真的选择了梁思成的时候，他还是送上了自己最真诚的祝福，并默默地守候了她一生。

金岳霖，永远都是那样的理性，他的爱，其实已经超脱了爱的范畴，他的守候令人感喟，也令人崇敬。哪怕是多年之后，当谈及林徽因的死的时候，金岳霖的表情还是显得十分平静："林徽因死在同仁医院，就在过去哈德门的附近。对她的死，我的心情难以描述。对她的评价，可用一句话概括："'极赞欲何词'啊！"然而这平静的外表之下，究竟埋藏着怎样刻骨的伤痛，只有金岳霖本人才最清楚。

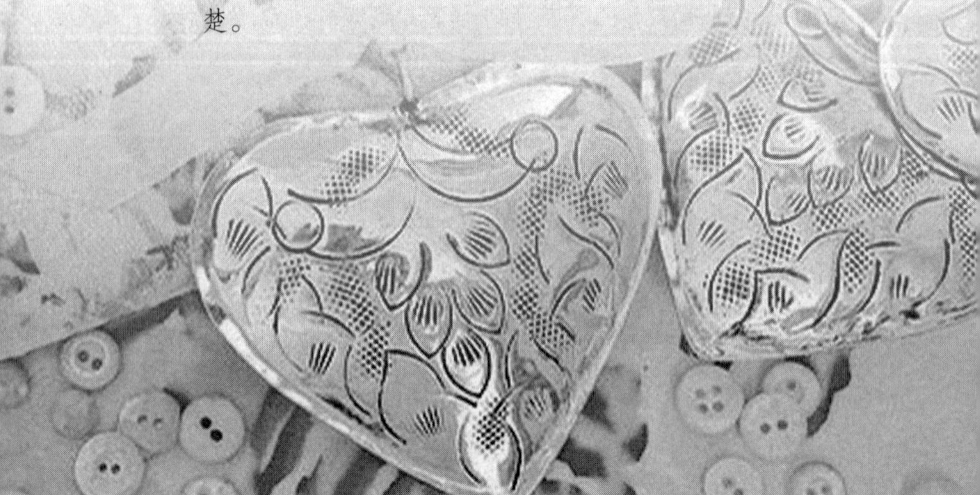

邂逅◎爱在英伦

要细说起来，徐志摩应该算得上是林徽因的初恋。

少女情怀总是诗，没有哪一个情窦初开的少女不曾希冀自己的爱情童话会永远美丽，一个驾着七彩祥云，翩翩而来的白马王子是那样的让人向往。林徽因也不例外。

1920 年春，原段祺瑞政府司法部长林长民以中国国际联盟同志会驻欧代表的身份带着 16 岁的女儿林徽因远赴英伦，迁居异国。同年，徐志摩入读伦敦大学。

韶华灿烂又才华横溢的林徽因仿佛是一块磁铁一般，深深地吸引了浪漫多情的徐志摩，就这样，这位年长林徽因 8 岁的男子对她一见钟情了。

徐志摩是多情的，他的爱是炽烈的，甚至是疯狂的，他真的很爱林徽因，但他的爱，太过于灼热与炽烈，炽烈得让林徽因感到害怕与无措。如果不是林长民这位对徐志摩极其欣赏又思想开明、胸怀大度的父亲从中斡旋中和，恐怕林徽因和徐志摩之间的爱情在没有开始之前便会彻底夭折，哪怕他们之间的邂逅是那样的诗意与完美。

“足下用情之烈令人感悚，徽亦惶恐不知何以为答，并无丝毫 mockery（嘲笑），想足下误解了。”这是林长民曾经写给徐志摩的一封信中的一句话，在信末还特意附上了“徽徽问候”这样的词句，足见这位父亲对林徽因和徐志摩的爱情还是相当首肯的，甚至是乐见其成。

哪个少女不怀春，又有哪个少女不爱那才子风流？24岁的徐志摩丰神俊逸，相貌堂堂，他儒雅温和，多情浪漫，他气质优雅，谈吐诙谐，他有着一双令所有的少女都甘心沉沦的纯净眼眸，他年少多金，才华横溢，他倜傥不羁，俊雅如诗，这样的男子，不正是那云间骑着白马而来的郎君吗？

悄悄的，少女的心扉为他敞开了一条缝隙，自此，便一发而不可收拾，英俊风流的徐志摩，一位浪漫诗意的多情才子终于走进了林徽因的心。

两个人，就这样在不知不觉之间坠入了爱河。

然而，芳菲的少女林徽因是澄澈的，徐志摩却不是，即便他是那么地标榜婚姻自由，即便他对新思想、新文化、新人生充满了渴求，即便他曾经信誓旦旦地无数次表示他有多么地爱林徽因，但，这都不能掩盖他是有妇之夫的事实。

徐志摩的发妻张幼仪，出身世家，温良贤淑，对他更是用情至深，然而，面对痴情的张幼仪，徐志摩是那般的无情，甚至都不肯正眼瞧上她一眼。他可以对林徽因海誓山盟，信誓旦旦地许下那“在天愿作比翼鸟，在地愿为连理枝”的誓言，可以为了这个异乡初识、一见倾心的女子写下一首又一首含情脉脉的诗歌，他可以将精灵般的林徽因当作心中的女神来供奉，

愿意做她裙裾边一株随风的水草，以博佳人一笑，但，他却不肯给那个无怨无悔为他诞下两子的女人张幼仪一丝温暖，一个微笑，一句问候。

他的心，已经被爱情充满，他的世界里，便只有那个气质清华、回眸一笑百媚生的林徽因，至于张幼仪，根本就没有在他的心中留下任何痕迹。一个男人，绝情如斯，不负责任如斯，也实在是令人无语至极。

爱情是梦幻的，是美丽的，但生活却是那样的现实。

徐志摩是爱林徽因的，不仅爱，而且爱得相当炽烈，但是，他的爱太过炽烈了，他的爱太过热情了，这种如同烈火燎原般势不可挡的爱情实际上不可能长久。

16岁的少女，总是对爱情怀着最美丽的幻想与憧憬，可以说，在花季年华遇上徐志摩，是林徽因的幸运，他让她完完全全拥有了一份童话般唯美的爱情。他们花前月下过，他们耳鬓厮磨过，他们也曾许下“执子之手，与子偕老”的誓言，也曾轰轰烈烈地追逐过，他们相望相守，他们曾言“但愿人长久，千里共婵娟”，但实际上，自古人有悲欢离合，月有阴晴圆缺，此事古难全，他们之间的爱情，便如那一现的昙花，纵然璀璨芳华，却终究湮灭无痕，不得长久。

有缘千里来相会，无缘相见不相识，他们的确是有缘的，但，这份缘，是良缘还是孽缘，却不得而知。

学成◎喜结良缘

初恋，总是一个人一生之中最美好的回忆，林徽因与徐志摩曾经的爱情也的确是浪漫如诗，然而，当繁华褪尽的时候，已经不是少女懵懂的林徽因已经意识到，徐志摩并非她能够托付一生的男人，她是朱丽叶，但，徐志摩并不是她的罗密欧。

1922 年，也就是徐志摩毅然决然地与张幼仪离婚的那一年，林徽因和父亲林长民回国了，他们走的时候，并没有知会徐志摩。

回国之后，少了徐志摩那如火般令人难以承受的纠缠，林徽因和梁思成渐渐相恋并最终走到了一起。

他们一起去北海公园，一起去清华学堂，一起去太庙，一起去……相比于徐志摩的热情如火，梁思成的感情如细水潺潺，温醇而柔和。和梁思成在一起，林徽因没有压力，没有顾虑，不会思前想后，也不会事事斟酌。梁思成是柔和的，他不如徐志摩那般敏感；他并不浪漫，但，他的爱却能温暖人心。

适合恋爱的男人不一定适合结婚，一生相守的知己，很少是那个初恋的人！

在梁思成的柔和温醇之中，林徽因沦陷了。

不过，假如没有1923年5月7日那场意外的车祸，梁思成与林徽因之间细水长流般的感情或者也不会那般迅速地升温并开花结果。

那一天，是梁思成二叔的寿辰，家里正在请寿酒，梁思成用摩托车载着弟弟去参加游行，不料路上却与北洋政府金永炎的汽车发生了碰撞，梁思永轻伤，梁思成却受伤颇重。当林徽因随着父亲林长民闻讯赶到医院的时候，看到憔悴的、满身是血的梁思成的时候，她的心，是那般的揪痛。

自此，衣带渐宽终不悔，为伊消得人憔悴，林徽因留在医院，无微不至地照顾着梁思成，即便是为他擦身子这样有些逾矩的事情，林徽因也做了。朝夕相对，本就情义相许的两个人，感情变得更加深厚澄澈。

车祸是不幸的，因为这场车祸，梁思成落下了终生残疾，他的左腿永远地比右腿短了一截。同时，他也是幸运的，正是因为这场车祸，他真正获得了林徽因的芳心，也正是因为这场车祸，梁思成赴美的日期推后了一年，从而赶上了林徽因考取大学，两个人相伴出国，从此蓝天碧海，异国他乡，相偎相伴，最终走到了一起。

事实上，林徽因骨子里是一个活泼多情的女子，她思想敏锐、天马行空，总是有着许多新奇的想法，创造性极强的点子，正因为如此，她的工作永远都显得无序而混乱。

作为一名建筑师，年少的林徽因明显还不够严谨，她总是会为了一个更好的想法而将之前完成了一部分的设计图毫无留恋地舍弃，重新开始。这般行径，颇有些狗熊摘玉米，摘一个丢一个的意境。正是因为如此，她往往会在工程临近的时候突然发现原来设计图还没有画好，从而日以继夜地赶工，而当她无论怎样赶工都不可能按时完成任务的时候，梁思成总会奇迹般地将一张清晰漂亮的图纸交到她的手上。

有过约会经验的男生，尤其是大学男生都知道，在宿舍楼下等女朋友出来实在是一件相当考验耐心的工作，即便是有许多境遇相同的“难兄难弟”陪着，时间久了，还是不免会心生焦躁。然而，这个时候，你还不能抱怨，不能反对。

实际上，这种等待的滋味，梁思成早已经历经多次，并且为我们率先垂范。你看看人家，在林徽因楼下等上半个来小时，依旧面带笑容、云淡风轻，没有任何不耐烦的样子，这搁谁谁心里也受用不已啊。所以，男士们要切记，女生打扮多久都是没有错的！

这样的男人，哪个女人不选那就是傻了，林徽因很聪明，她不傻，所以，梁思成理所当然地成为了她的另一半。在他们缔结良缘的同时，小叔子梁思永还曾经特意写联调侃兄嫂，内容如下：“林小姐千装万扮始出来；梁公子一等再等终成配。”横批是“诚心诚意”。

梁思成和林徽因的结合，看上去是那般自然而然，仿佛是水到渠成一般，1927 年 12 月 28 日，梁家在国内为远在海外的梁思成小两口举行了隆重的订婚仪式。其间，梁启超是依足

了传统，三牲表礼，良辰吉时，告庙祭祖，大宴亲族邻里，礼节是一样不缺，彩礼更是厚重，甚至红绿庚帖都是请原司法部某司司长、著名书法家林宰平亲自执笔的。可见梁家对这门亲事的重视与满意。

1928年3月21日，遵父嘱，林徽因和梁思成在加拿大首都渥太华完婚。之所以选择这一天，却是小两口为了表示对宋代建筑家李诫的怀念而特别甄选的。不仅如此，这对志同道合、志趣相投的如花美眷甚至在几年后为他们的长子取名之时，都用了“从诫”这个名字，以示对李诫的深刻怀念与崇敬。

选择◎为你守候

1930年的某一天，北总布胡同3号迎来了一对年轻的主人，他们就是刚刚旅美归来的梁思成和林徽因夫妇。

所谓物以类聚，人以群分，梁思成和林徽因都是出身世家，书香门第，学识渊博，见解深刻，是以在他们的周围，从来都是“谈笑有鸿儒，往来无白丁”，一批新时代的文化精英们毕集于此，探讨人生和理想。

甚至，冰心曾经作文《我们太太的客厅》来表达这种高朋满座、畅意长谈的情景，她这样描述道：“时间是一个最理想的北平的春天下午，温煦而光明。地点是我们太太的客厅……当时当地的艺术家、诗人，以及一切人等，每逢清闲的下午，想喝一杯浓茶或咖啡，想抽几根好烟，想坐坐温软的沙发，想见见朋友，想有一个明眸皓齿能说会道的人儿陪着他们谈笑，便不须思索地拿起帽子和手杖，走路或坐车，把自己送到我们太太的客厅里来。在这里，各人都能够得到他们所想往的一切……”也就是在那之后，“太太的客厅”风靡了整个北平。

来自湖南的“老金”——金岳霖闯进“太太的客厅”，并进而闯进了林徽因的心中，却是有赖于那位曾经炽热地爱着林徽因的多情诗人徐志摩。

虽然徐志摩和林徽因的爱情无果而终，但这并不妨碍他们成为真正的朋友，实际上，徐志摩是“太太的客厅”的常客之一。一天，徐志摩突然将一位西装笔挺、皮鞋锃亮、高大英俊、貌若春花、气质洒逸的青年男子带到了北总布胡同 3 号，这位大了林徽因夫妇不少的清华大学哲学系教授用他渊博的知识、幽默的谈吐、真正的绅士风度很快就征服了“太太的客厅”。

金岳霖自 1914 年从清华毕业之后，便远渡重洋，求学异乡，先后留学英美，并遍历欧洲各国，在国外漂泊了十多年才回到家乡，是以，金岳霖身上的西方气息非常浓重，甚至有一

位美丽的金发女郎追随着“老金”回到了北京同居。或许正是因为金岳霖身上浓厚的西方风情，以及一个成熟男人的独特魅力，让林徽因与其产生了共鸣吧，不知不觉，林徽因便对金岳霖产生了不可遏制的好感。

与此同时，自从在“太太的客厅”邂逅了林徽因之后，一向冷静睿智的金岳霖平生第一次失去了他的逻辑，他难以自拔地爱上了那位已经嫁作他人妇的清丽女子，并为此打发了他的金发女郎，后来更是卷起铺盖，将自己打包搬到北总布胡同3号来了。

金岳霖的“择邻而居”是那样的明显，林徽因不可能不明白，梁思成也不可能全然没有感觉，但是，这却没有让他们之间因此产生大的隔阂，毕竟，大家都还是朋友，爱与被爱，都是别人的权利。

“我苦恼极了，因为我同时爱上了两个人，不知道怎么办才好？”当林徽因发现自己竟然真的爱上了金岳霖的时候，她进退维谷，于是她将自己的困扰很坦诚地告诉了自己的丈夫梁思成。

惊闻此讯，梁思成如遭雷击，然而看着那个对自己信任有加，仍旧清澈如水的妻子，他并没有说什么，而是辗转一夜后，这样告诉她：“你是自由的，如果你选择了老金，我祝愿你们永远幸福。”

这一刻，夫妻二人抱头而泣。

“看来思成是真正爱你的，我不能去伤害一个真正爱你的人，我应该退出。”当金岳霖知道这件事后，他这样对林徽因说。

金岳霖的确是深爱着林徽因，但，爱一个人，就要给她幸福，而不是给她痛苦，老金更明白这一点，所以，他选择了默默守候自己的挚爱，一生无悔。

爱你◎人间四月天

同样是一份深爱，有的人的爱仿佛冬日的阳光，让人倍感温暖，有的人的爱，却如那沉重的大山让人不堪重负。

相比于曾经用如火的热情包裹住林徽因，甚至不惜将之灼伤的徐志摩，金岳霖无疑是理性的，他的爱，更加厚重，更加包容。他爱林徽因，所以他也爱林徽因的家，爱林徽因的孩子，爱林徽因的一切。他爱她，所以，他希望她能够永远幸福，哪怕这个给她幸福的人并不是自己。

金岳霖对林徽因的爱是那样的深沉，但并不让人感到压抑，甚至，林徽因夫妻一生都将这位毗邻而居的“老金”当作了挚友，多少年了，梁家，似乎也不知不觉地多出了“老金”这么一个新成员。

他们之间的相处，是那般的融洽，林徽因一家都喜欢他，信任他，甚至，有的时候，林徽因与梁思成吵架，还要找他来仲裁。他们之间的关系，奇异而又和谐，而这种关系，一直持

续了好久好久。

金岳霖和徐志摩是挚友，虽然他们同样深爱着一个女人，但是，对于徐志摩为了林徽因而抛妻弃子，决然地抛舍下张幼仪而去的行为，金岳霖却是不敢苟同的。

当被人问及此事的时候，金岳霖这样讲，他说："徐志摩是我的老朋友。那时林徽因被他父亲带回国后，徐志摩又追到北京。临离伦敦时他说了两句话，后面一句是'销魂今日进燕京'。看，他满脑子的林徽因，我觉得他不自量啊。林徽因、梁思成早就认识，他们是两小无猜，两小无猜啊。两家又是世交，连政治上也算世交。两人的父亲都是研究系的。徐志摩总是跟着要钻进去，钻也没用！徐志摩不知趣，我很可惜徐志摩这个朋友。"

"比较起来，林徽因思想活跃，主意多，但构思画图，梁思成是高手，他画线，不看尺度，一分一毫不差，林徽因没那本事。他们俩的结合，结合得好，这也是不容易的啊！"在金岳霖看来，无疑，梁思成，才是林徽因命中的白马王子。

金岳霖从来都不掩饰自己对林徽因的爱恋，但是，他却能很好地控制自己的感情。"理性是灵魂中最高贵的因素。"柏拉图如是说，而金岳霖，正坐拥着这份人类的高贵，他爱林徽因，但，他却并不想因为自己的爱而令林徽因痛苦，而去伤害林徽因和梁思成，他的爱是理性的，是深沉的，是包容的，是醇厚的，这，也正是金岳霖和徐志摩的不同。

“金先生的风度很像魏晋大玄学家嵇康。嵇康的特点是‘越名教而任自然’，天真烂漫，率性而行；思想清楚，逻辑性强；欣赏艺术，审美感高。我认为，金先生是嵇康风度在现代的影子。”忆及年轻时候的金岳霖，哲学家冯友兰这样回忆。

金岳霖是理性的，但同时他也是率性的。他是那样的真实，真实得令人感喟；他是那样的痴情，痴情得令人叹惋。

金岳霖一生未婚，不是因为没有爱他的人，只是因为他爱的人已为人妇。

恨不相逢未嫁时，这，便是金岳霖和林徽因吧。

事实上，金岳霖的身边从来都不缺乏爱慕者，但，他已经心有所属，再也容不下别人。曾经有一次，他的学生遭遇了情感挫折，竟然意图轻生，金岳霖便是这样劝告她的，他说：“恋爱是一个过程，恋爱的结局，结婚或不结婚，只是恋爱过程中的一个阶段，因此，恋爱的幸福与否，应从恋爱的全过程来看，而不应仅仅从恋爱的结局来衡量。”他这话，在劝诫学生的同时，其实又何尝不是在劝慰自己呢？金岳霖和林徽因，又何尝不是如此呢？

自古红颜多薄命，林徽因亦是如此，1955年，林徽因因病逝世。

“他先不说话，后来突然说：‘林徽因走了！’他一边说，一边号啕大哭。他两只胳膊靠在办公桌上。我静静地站在他身边，不知说什么好。几分钟后，他慢慢地停止哭泣，擦干眼

泪，静静地坐在椅子上，目光呆滞，一言不发。”回忆起金岳霖惊闻噩耗之时的情景，当时在场的一个学生这样说。

林徽因去了，但，她却永远活在了金岳霖的心中，对那个谱出《你是人间四月天》的绝代女子，纵使天人永隔，金岳霖依旧无法与她相忘于江湖。他执著地坚守着那份“人间四月天”，此情，至死不渝。

“一身诗意千寻瀑，万古人间四月天！”林徽因的追悼会上，金岳霖依旧深情不改。

他，每一年都会给林徽因过生日，他永远记得和林徽因在一起的点点滴滴，岁月无法将这份深情磨灭，哪怕是梁思成都已经再婚。他一直坚守着对林徽因的虔诚，一生不变，一生无悔。

缄口◎此情可待成追忆

金岳霖晚年的时候，更愿意与人谈及林徽因，谈及关于她的一切，谈到他们的相识、相知、相爱，以及自己的默默守候。

每每谈及自己和林徽因之间的“红娘”徐志摩，金岳霖都会这样说：“徐志摩是我的老朋友，但我总感到他滑油，油油油，滑滑滑，当然不是说他滑头。”

徐志摩对爱情、对婚姻不负责任的做法，他感情放纵，没遮没拦，这都是金岳霖所无法认同的。

而谈到林徽因的死，金岳霖这样说：“林徽因死在同仁医院，就在过去哈德门的附近。对她的死，我的心情难以描述。对她的评价，可用一句话概括，‘极赞欲何词’啊！”

那个时候，对唯美主义的复古主义建筑思想的批判正愈演愈烈，作为其中代表人物的梁思成处境并不是很好，林徽因的追悼会也因此显得寂寥而清冷，“追悼会是在贤良寺开的，我很悲哀，我的眼泪没有停过……”金岳霖如是回忆当时的情景，他说：“我所有的话，都应该同她自己说，我不能说。我没有机会同她自己说的话，我不愿意说，也不愿意有这种话。”

或许，更多的人认为林徽因毁掉了金岳霖，正是因为那份畸形的、疯狂的感情，金岳霖背叛了他的理想与良知，那个曾言“与其做官，不如开剃头店，与其在部里拍马，不如在水果摊子上唱歌”的“老金”最后背弃了他的心，背弃了他的一切，只为了那位倾城红颜林徽因。

谈到当年情事，甚至谈到当年所犯的错误之时，金岳霖并不认为自己是糊涂的，他坚守着自己的美好。当我们顽固地认为他已经失去了自己本心的时候，又何尝明白，他正在为了坚守自己的本心而孜孜不倦地奋斗着。

子非鱼，又安知鱼之乐？

“今天，与其苛责哲学家的‘幼稚病’，不如反思那个‘顽

童’也无法保持本真状态的时代。”与其去无意义地追究谁是谁非，穷究那已逝去的过往，我们又何妨去看一看这其间还存留着多少芳菲与美好。

> 你是一树一树的花开，是燕，在梁间呢喃，——你是爱，是暖，是希望，你是人间的四月天！

一曲《你是人间四月天》唱出了多少沧桑多少喜怒多少悲欢多少情事，当远方栀子花开的时候，我们又何必去纠结那清香淡淡在何方。

爱你，我从未放手

在天愿作比翼鸟，在地愿为连理枝。
天长地久有时尽，此恨绵绵无绝期。

——白居易《长恨歌》

少年得意，意气风发，这就是当年的王庚最真实的写照，然而这位世家出身的西点名将，悍勇的军中豪雄，却在陆小曼的面前折戟沉沙了。

英雄难过美人关，王庚是英雄，所以，当美人陆小曼出现的时候，这位被誉为“第一帅、第一有才、第一有手段”的中国少年军官沦陷了。

只不过，美人多爱风流，当风流多情、浪漫多情的徐志摩走进陆小曼的生活的时候，这枝妖娆的红杏毫无悬念地出墙了。

其实，你要相信，女人有的时候，最是多情，也最是

无情，贞洁烈女自然是数不胜数，但风流多情的人间尤物也比比皆是。

说到底，女人是需要哄的，而忙于军务的王庚显然是没有时间与这个觉悟的，被冷落得久了，本就活泼开放、不够安分的陆小曼红杏出墙也不是什么难以想象的事情。

男人呢，永远都不要太过自信，没有任何一个男人对女人的魅力是永久的。

这一点，无论是对王庚，还是他的"情敌"徐志摩都是如此。

徐志摩与陆小曼结婚后，为了维系他的"浪漫"不得不为了金钱而不断奔波，而就在他疲于奔命的时候，陆小曼已经和翁瑞午在一起。只是，这一次，陆小曼的魅力显然并没有自己想象的那么大，翁瑞午承认她情人的身份，却不愿为她抛妻弃子，这一切的一切，究竟是谁的错?

少才俊◎西点名将

1895年，伴随着甲午战争的硝烟，江苏无锡的王家迎来了家族又一位新的子弟，王庚。

出身破落的官宦世家，王庚比普通人更懂得世态炎凉、人间冷暖，自幼颖悟的他很小的时候便已经知道要发奋图强，上苍也没有辜负他，1911年，以优异成绩毕业于清华大学的他成为了中国最早的公费留学生中的一员。

赴美之后，王庚先后就读于美国密歇根大学、哥伦比亚大学以及普林斯顿大学，并于 1915 年以全年级第 14 名的斐然成绩得到了普林斯顿大学的文学学士学位。同年，他进入美国西点军校，在那个据说当时只有五人的班级里，王庚认识了他的同学，那位后来叱咤欧洲战场，最终问鼎美国权力之巅的艾森豪威尔。

1918 年的中国，“神奸既伏，人欲横流，而进于演水帘洞，演恶虎村”。当时，袁世凯新丧，国内大乱，可谓是实打实的乱世，古有乱世出英雄之言，接受了西点最正统教育的王庚，真的能够在这个军阀混战的时代成为英雄吗？

是他将乱世拯救，还是乱世将他所淹没，历史已经给了我们答案。

王庚的一生其实是凄厉的，即便他回国之初是那样的意气风发，许多人都一度认为他前途无量。他 1918 年回国之初，关于他的种种传言更是从未终止，他“毕业不久即作为中国代表团成员参加凡尔赛和会”，“他的下一个服务是在东北张作霖麾下”，这样的言论凡此种种，不胜枚举。然而，这位炙手可热的军中新贵，在选择效忠于北洋军阀政府的时候，实际上，一生的悲剧便已经注定。

结良缘◎门当户对

陆小曼，风华绝代，在当年有“南唐北陆”之说，甚至成为了一时佳话。这其中，“北陆”指的便是京城名媛陆小曼。饶是家世如此显赫、名满天下的女子，她的婚姻，依旧还要遵循着父母之命媒妁之言，不能自主。

“装扮得很像样的人，在像样的地方出现，看见同类，也被看见，这就是社交。”对当时浮华而虚伪的上流社会，张爱玲是这样定义的。

陆小曼当时如何想，我们不得而知，然而陆定夫妇却的确是睁大了眼睛，在诸多青年才俊之中犹疑，待价而沽。

对于那个年代的女人来说，自身是否优秀并不是特别重要的事情，重要的是能不能“飞上枝头变凤凰”，风华绝代的陆小曼是那般的倾城绝世，这便是她的资本，再配合上她显赫的身份，优渥的家境，如此人间尤物怎能不令人心神迷醉。不过，能够让她“飞上枝头”的“高枝”要何等的“高”就可想而知了。

陆家有女初长成，陆小曼绝代芳华、云英未嫁，前来说媒的人也不知道踏破了陆家多少道门槛，而最后，在这般激烈的竞争中，王庚脱颖而出了。

虽然王家已经家道中落，但毕竟是官宦世家，而王庚本人，更是留洋8年，不仅取得了普林斯顿大学文学学士学位，更是西点军校的高材生，可谓是文武双全，人才难得，再加上他与美国位高权重的实权将领艾森豪威尔有着四年同窗之谊，在当时那个天下大乱、军阀混战、国内局势很不明朗的时刻更加炙手可热。

特殊的时代背景，注定了王庚回国之后，必然受到各方的青睐，是个十足的赤金抢手货。那个时候，"一战"刚刚结束，正值巴黎和会期间，为了在会上争取到更多的利益，陆军部的年轻军官王庚被擢升为上校武官，兼外交部外文翻译，全程参与了巴黎和会的会谈。在这期间，他与梁启超相识，并被其收为弟子。

王庚与陆小曼相识的时候，正是王庚春风得意马蹄疾的时候，那是在1921年，陆小曼和王庚经唐在礼夫妇介绍而相识。那个时候，王庚的军衔已经是上校了，当此之时，"……小曼之母，看到有这种少年英俊，认为这是雀屏中选的最理想人物，虽是王庚年龄长小曼七岁，她偏说他这穷小子将来一定有办法的，毫不迟疑地，便把小曼许配了他。"

小曼和王庚可以算得上是绝对的闪婚了，短短不到一个月的时间，这对原本陌生的男女之间便拴上了一条无形的绳索，那条绳索的名字叫作婚姻。

对于父母的决定，多情而又浪漫的陆小曼却没有反对，不知道是不敢，还是不想，抑或其实当初她对王庚也并没有什么

不满意，毕竟，王庚头上的光环是那样的耀眼和璀璨，足以满足任何一个少女的虚荣心，大概，有那么一刻，小曼也是把王庚当作了她的王子的吧。

事实上，王庚也的确是一个佳婿，最起码于陆母而言是这样。王庚的晋升简直就是在坐火箭，与小曼婚后的第二年，他便被提拔为交通部护路军副司令，并擢升陆军少将，第三年，也就是1924年年底，王庚更是被委任为哈尔滨警察厅厅长，也算位高权重，如此一位“金龟婿”，得之万幸，还有什么不满?

然而，没有感情基础的婚姻，终究还是不能完满，徐志摩、张幼仪如是，王庚和陆小曼又何尝不是如此呢?当世人苛责徐志摩的无情，陆小曼的风流之时，其实又可曾想过，他们，也不过是一个受害者，他们有过，但，真的全都是他们的错吗?

青梅涩◎郎情妾意

实际上，王庚与小曼算得上门当户对，而他们的婚姻，本质上更像是一场交易。

陆家看重王庚的前途，对他将来在北洋军中位居高位充满了信心，嫁女不过是一种最有效最有保障的投资，而极富野心的王庚，看重的却是陆家深厚的人脉和雄厚的财力，陆家需要权力，王庚需要财力，于是，双方一拍即合，陆小曼出嫁了。

1922年，王庚和陆小曼在“海军联欢社”举办了最隆重的婚礼，婚礼完全由陆家一手操办，其场面之浩大豪奢，曾一度震惊整个京城。据当时在场的人回忆，当时“光女傧相就有九位之多，除曹汝霖的女儿、章宗祥的女儿、叶恭绰的女儿、赵椿年的女儿外，还有英国小姐数位。这些小姐的衣服，也都由陆家订制。婚礼的当天，中外来宾数百人，几乎把‘海军联欢社’的大门给挤破了。”

若是一般的传统女性，能够嫁得如意郎君，衣食无忧，荣华可期，便应该呆在家中知足常乐，相夫教子，做一个贤惠的妇人，过一个富家太太的悠闲生活。

但陆小曼毕竟不是普通的人，她受西方思想熏陶多年，习惯了奔放自由的生活方式，习惯了生活在灯光下的日子，让她乖乖地呆在家中做一名全职太太，这对于生性热情、喜爱热闹的陆小曼来说简直是一种折磨，但是，小曼心中的寂寥苦楚，却无人倾诉，在周围所有的人包括她父母的眼中，她要做的都是维护好自己和王庚的感情与家庭，谨守一个女人的本分。

“在她（母亲）看来，夫荣子贵是女子的莫大幸福，个人的喜、乐、哀、怒是不成问题的，所以也难怪她不能明了我的苦楚。”小曼曾经在自己的日记中这样写道。婚后，王庚忙于军务，根本就没有时间来陪伴如花娇妻，而为了维护王庚的面子，尽一个妻子的本分，小曼也不得不离开自己热爱的外交部，而困守王宅，这样平淡无趣的寂寥生活实在是活泼多情的

小曼所不能忍受的。

“从前多少女子，为了怕人骂，怕人背后批评，甘愿牺牲自己的快乐与身体，怨死闺中，要不然就是终身得了不死不活的病，呻吟到死。这一类的可怜女子，我敢说十个里面有九个是自己明知故犯的，她们可怜，至死不明白是什么害了她们。”女人，就应该本分，这似乎是一件理所当然的事情，但是，思想奔放、为西式教育影响多年的陆小曼却并不这样认为。

作为一名新时代的女性，她渴望自由，渴望爱情，渴望浪漫优雅的生活，她渴望得到关心，渴望得到丈夫的呵护与宠溺，希望爱人能够尊重她、爱恋她，但是，事与愿违，王庚虽然留美多年，但接受的却是西点军校最正统的军事教育，做事极为严谨自律，或者说是刻板无趣。他是世人眼中的好将军，好领导，好公民，好女婿，却不是小曼眼中的好丈夫。

王庚是一个极具政治野心的人，为了他的仕途前程，他将自己塑造成了一位恪尽职守的军官，一位爱国爱民的将领。所有的人都认为能够嫁给这样的男人是小曼一生的福气，但，却只有小曼自己知道，她仿佛一只被困在笼中的金丝雀，过得并不幸福，她所渴望的是那深广的蓝天。

王庚对娇妻的冷落，让小曼感到了由衷的不满，她不是一个花瓶，她是一位有思想、有抱负的新女性，她渴望自己的人生，而这些，王庚都不能给她。

当一个女人对生活不满意的时候，她需要发泄与表达，需要抗争与奋起，普通人尚且如此，更何况是自幼备受娇宠、任性的陆家小姐呢?

于是，这位不甘空闺独守的美丽少妇，终于还是犹如那园中一枝妖娆的红杏，出墙了。

而墙外的那个人，正是浪漫而又多情的徐志摩。

徐志摩与王庚一样都是梁启超的弟子，在一次舞会上，徐志摩邂逅了风姿妖娆的陆小曼，这位曾经的北京名媛，虽然已经嫁作冯妇，但风姿不减当年，依旧热情活泼，幽默浪漫，多情奔放。两个人都深受封建包办婚姻的荼毒，都深深地渴望爱情与自由，都充满了浪漫情怀与最诗意的憧憬，于是，在接触多次之后，他们之间，不可避免地迸发了爱情的火花。

两个人相恋了!

徐志摩忘记了，这个性灵而娇媚的女子乃是朋友妻，陆小曼也忘记了自己已是他人妇，他们就这样在爱情的面前，沉沦了!

山盟断◎深陷囹圄

徐志摩是一位浪漫多情的诗人，他无情起来太无情，多情起来又太多情，当年，他那般决然地抛妻弃子，将发妻张幼仪弃若敝屣，当真正的爱情来临的时候，他又是那般地义无反顾，对林徽因如此，对陆小曼也是如此。

陆小曼呢，她本就是一个热情奔放的女子，她美丽娇俏，她聪明多才，她是那样一位妖娆的女子，她是那样地渴望爱情与自由，为了她心中所爱，她也可以将一切抛却，无论是礼法还是其他。

为了让陆小曼脱出婚姻的藩篱，为了让两个人的爱情开花结果，为了让曾经最娇艳的玫瑰绽放最璀璨的绝世芳华，徐志摩决定抗争，决定努力一把，于是，他找到了素以叛逆著称的反封建先锋刘海粟，希望他能够就此事与王庚以及陆家二老斡旋。

所谓“宁拆十座庙，不毁一桩婚”，对于这种破坏他人家庭的事情，刘海粟纵使再叛逆也不可能毫不犹豫地应承，但徐志摩的一句话却深深地触动了算得上是陆小曼半个老师的刘海粟，他说:“海粟，这样下去小曼是要愁坏的，她太苦了，身体也会垮的。”也正是因为这一句话，让感同身受、同病相怜的刘海粟应允了这件事。

既然答应了，刘海粟自然便要办到，看着陆小曼婚后生活得如此抑郁，刘海粟也是心疼不已，于是他在和徐志摩见面之后不久，便动身入京，到陆家见了陆母吴曼华女士，当时他这样对陆母说:“老伯母休怪我轻狂雌黄，我学的虽是艺术，但我也很讲实际。

目前这样，把小曼活活逼到上海，又能解决什么问题？她和王先生就能白首偕老吗？小曼心里也是苦，整日里跟你们两老闹的话，你们也得不到安宁啊！”闻言，小曼的母亲也是嗟叹不已:“我们何尝不知道，可是因为我们夫妇都喜欢王庚，才把亲事定下来的。我们对志摩印象也不坏，只是人言可畏啊！”

在那个时代，女子离婚再婚，红杏出墙，都是为封建礼法所深深不容的，吴曼华纵然思想并不保守，但心中多少还是有着顾虑的，然而，当刘海粟向她历数了历代包办婚姻所造成的悲剧的时候，爱女心切的陆母终于还是松了口:“老实说，王庚对我们两老还算孝顺，对小曼也还算厚道，怎么开得了口要他和女儿离婚？”

“如果晓之以理，让王庚自己有离婚的念头，这样便不难为二老了，你看怎样？”见陆母已经动摇，刘海粟立即趁热打铁地劝道，最后，终于与陆母敲定了一起同往沪上，同王庚面谈的决定。

搞定了陆母，万里长征算是胜利了一半，刘海粟当即再接再厉，于沪上名楼“功德林”宴请四方宾客，这些宾客之中，不仅有当事人王庚、陆小曼和徐志摩，还有张歆海、唐瑛、杨杏佛、李祖德等青年才俊，社会名流。

宴会之初，敏锐的王庚就看出了其中的不同寻常，但他并没有做出任何有失风度的举止，而陆小曼，虽然已经与徐志摩暗通款曲、月下花前，但，她是一个聪明的女人，懂得在什么时候做出什么样的举动，她自然不会在这个节骨眼上让王庚感到难堪，反而是徐志摩，或许是做贼心虚吧，面对王庚的时

候，总是有些躲闪。

“海粟，你这个‘艺术叛徒’到底请我们来干吗？你那葫芦里卖的是什么药啊？”这场酒宴，无疑是成功的，一群志同道合的年轻人推杯换盏、纵情畅谈，气氛非常融洽。酒过三巡，菜过五味之后，张歆海终于忍不住问出了这个大家都很想知道的问题：刘海粟宴客，目的何在。

既然已经被问及，刘海粟自然趁势接过了话茬，他说：“今天我做东，把大家请来，是纪念我的一件私事。当年我拒绝封建包办婚姻，从家里逃了出来，后来终于得到了幸福婚姻。来，先请大家干了这一杯。”当众人满饮一杯之后，他又接着说道：“大家都干了这杯酒，表示大家对我的举动很支持。大家知道，我们正处于一个社会变革的时期，新旧思想和观念正处于转换阶段，封建余孽正在逐渐地被驱除。

但是，封建思想在某些人的脑子里还存在，还冲不出来。我们都是年轻人，谁不追求幸福？谁不渴望幸福？谁愿意被封建观念束住手脚呢？所以我的婚姻观是：夫妻双方应该建立在人格平等、感情融洽、相互理解的基础上。妻子绝不是丈夫的点缀品，妻子应该是丈夫的知音，‘三从四德’的时代已经过去了！”最后，他更是充满激情地呼吁：“来，我们祝愿天下夫妻都拥有幸福美满的婚姻！干杯！”

王庚不是蠢人，相反，他非常的聪明，刘海粟此语的弦外之音他何尝听不出，然而，他却是一个有风度有器量的男人，在同众人一起举杯之后，他单独又敬了刘海粟一杯：“海粟，你讲的话很有道理，我很受启发。来，我敬你一杯。”在那之后，他还以“愿我们都为自己创造幸福，并且为别人幸福干杯”的理由敬了在座的所有人。

接着，这个心殇的男人平静地离席了：“我今天还有些事情，要先走一步了，请各位海涵。”甚至，他还不忘在临走之前嘱咐娇妻：“小曼，你陪大家坐坐，待会随老太太一起回去吧！”这，就是一个男人的器量！王庚不爱小曼吗？不，他很爱，但，当陆小曼已经做出了选择，当妻子的心已经与他背道而驰的时候，他却没有勉强。

王庚走了，徐志摩喜形于色，陆小曼心情复杂，吴曼华满心愧疚，众人也是心思不一，“功德林”的这场宴会也最终草草地散了。

王庚无疑是一个有担当有气量的男人，他懂得放手，懂得向前看。破镜难圆，覆水难收，强扭的瓜毕竟不甜，与其将一个不爱自己的妻子勉强留在自己的身边，还不如潇洒地放手。

“如果你认为你和志摩在一起幸福，我愿意离婚。”“功德林”宴会之后的两个月，王庚向陆小曼说出了自己的决定。虽然对王庚心存歉疚，但陆小曼怎么都无法将这段没有爱情基础的婚姻继续下去，于是，这对结婚四年的小夫妻终于还是分手了。

分手的次年，陆小曼和徐志摩在北京北海公园举行了那场没有双方父母到场的婚礼，而离婚之后的王庚一直独身，直至终老。

婚变之后，王庚一直将精力扑在事业上，1932年，作为税警总团的团长，王庚奉命与十九路军协同作战，共同保证上海保卫战的胜利。然而，就在同年2月底，王庚受宋子文之托，往租界会见美国总领馆的坎宁安将军的时候，不慎被日军巡逻队扣留，并被日军搜走了随身的军事地图一张，从而泄露了十九路军军事部署，导致了上海沦陷。

虽然事后，王庚在租界当局与日本的交涉下被放回，但却因涉嫌出卖军事机密，被十九路军送上了南京军事法庭，直到一年后，真相大白，王庚才得以官复原职，走出囹圄。

燕分飞◎咫尺终天涯

王庚是一个有野心有抱负有器量的男人，他整日为了工作而奔忙，但这并不代表着他不爱自己的妻子，相反，他很爱陆小曼。

所谓“纸包不住火”，徐志摩和陆小曼的恋情终究还是无法避免地传入了王庚的耳中，他立即致信娇妻:“如念夫妻之情，立刻南下团聚，倘若另有所属，决不加以拦阻。”然而，陷入爱情之中的女人永远都是没有理智的，被丈夫发现“奸情”之后，陆小曼反而三次电传远赴欧洲的徐志摩:“徐志摩，快回来，再不回来，我顶不住了。”

徐志摩回来了，陆小曼“活”过来了，王庚却愤怒了，他当面质问徐志摩，但徐志摩却矢口否认，直到王庚掏枪。

“我们大家是知识分子，我纵和小曼离了婚，内心并没有什么成见；可是你此后对她务必始终如一，如果你三心两意，给我知道，我定会以激烈手段相对的。”这是离婚当天王庚对徐志摩所说的话。他放手了，他真心地祝福小曼，这个他曾经深深爱恋的妻子。

1932 年的这番变故，在王庚的心中留下了难以磨灭的深沉创伤，出狱之后，他变得憔悴病弱，精神恍惚，他的身体终究还是支撑不住了。1942 年，在应宋子文之邀赴美的途中，王庚病逝于开罗。

王庚的一生是悲凄的，这个一心为国、专情一生的男人走得是那样的无奈，然而，后世终究会记住他，记住他的专情，记住他的优秀，记住他的器量！

一生的守望

卿名凤至不一般，凤至落到凤凰山。

深山古刹多梵语，别有天地非人间。

——张学良《致于凤至》

张学良，少年英俊，军中翘楚，年少有为，典型的钻石王老五。于凤至，风姿绰约，商业奇才，是人见人爱、花见花开的大美女，娶了她，那肯定能让男人省去几十年的奋斗。可就是这样两个人，被两家老人一合计，硬给凑合在了一起，没奈何，两个人的大好人生，就这样都悲摧了。

当一个女人真的爱上一个男人的时候，她的智商就会直线下降，这是真理，于凤至是很傻，这个傻女人，一生都在为一个男人纠结，心殇。

暗凄凉◎有分无缘

旧时男女结合，固然是父母之命、媒妁之言，但不得不说，除了媒婆，算命先生在其中所起的作用也是很大的。

要说张学良和于凤至这段悲摧的婚姻之所以能够缔结，和那算命的瞎子还真是关系大了去了。

那时节，于凤至的生父于文斗，也算得上是富商巨贾，财力不俗，在整个梨树县，这位丰聚长粮栈的大掌柜、商会的大会长也是响当当的人物，八面玲珑，交游广阔，尽显一个成功商人的本色，但就是这样一位成功人士，骨子里却是非常迷信。

于凤至生得娇灵俏丽、甜美可爱，自小又聪明伶俐，年仅八岁，就能够过目成诵，那是郑家屯学堂一等一的尖子生，老于深以为傲，不过为人父母的，总是时时刻刻为儿女的将来做打算。在老于看来，女孩子最好的归宿，自然是嫁得如意郎君，吊一个“金龟婿”了。不过女儿虽然聪慧秀美，但能不能把“金龟”吊到手，老于还真不能确定，为了以防万一，就找来了神算瞎子刘给女儿算算命。

装神弄鬼，看人眼色那是算命先生的强项啊，这位瞎子刘，虽然“看”不见，但人家会听啊，老于那点儿心思，怎么瞒得过他的耳朵，于是，他神神叨叨地掐指一算，慢悠悠地说道:“女命无煞逢二德，闺女的命中无煞且逢德，真为夫荣妻贵的好命了。”老于一听，果然高兴得不得了，立即就让瞎子刘给女儿批流年，嗯，说白点儿，就是给闺女看看这一生的运气怎么样。

在那个时候，瞎子算命虽然要不了几个钱，但批流年却是大把大把要钱的，原因吗，这可是个细活，从人出生开始直到离世，每时每刻每年每月的运道都要卜算批注，这可不是一时半会儿就能够办到的，而且，还要为之配上全班人马，算命先生说一句，就得有人记录一句，等这流年批完了，被批的人一生的命数也就跃然纸上了。

要说五十块大洋在那个时候的郑家屯可不是个小数目，但耐不住人家老于有钱，为了闺女，撒出去几个，那算得了什么，于是，瞎子刘就优哉游哉地开始为于凤至批起了流年，这一批，就整整批了半个月，等到批完的那天，恰好张作霖到了于家，就一起过来看了。

要说张作霖这个人，大军阀一枚，东北汉子，为人豪爽，喜欢结交各路朋友，和于文斗这个梨树县的土财神更是过从甚密，没办法，东北军的指挥部还在人家老于的粮栈里窝着呢，再加上部队平时的军粮军饷有个不足的时候还要指望老于接济，这一来二去的，拿人手短，两个人的关系自然也就越来越铁了。

那个时代的人，对批流年、瞎子算命这些东西都笃信得很，张作霖也不例外，当听瞎子刘说起于凤至命格旺夫，乃是贵妇之命的时候，张作霖的心思就活络开了，暗想：“这样贵命的女子，若与我小六子相配，我六儿必能前程似锦。”这小六子，指的便是张学良了。

“我手下有个包瞎子，也精通子平、紫微斗数，我想把凤至的八字带去，让包瞎子掐算掐算，若和我那小六子八字相合，把他俩配成夫妻，你看如何？”既然起了这样的心思，张作霖不再犹豫，当即就对老于这样说道。

生逢乱世，东北之地又多匪患，生意人哪个不希望能够有“王师”来保护，张作霖有结亲之意，于文斗自然无有不允，两家也算得上门当户对，若是两小成婚，自然是皆大欢喜。

张作霖也惦记着于凤至的旺夫命格，当天就找来了包瞎子，为两人合了八字，结果自然是天造地设、夫荣妻贵。

就这么的，时年 15 岁的张学良和于凤至就在尚还懵懂的情况下被乱点了鸳鸯谱。

从奉天讲武堂回来之后，得知自己居然被定亲了的张学良郁闷极了：“偌大个奉天，名门闺秀有的是，干吗偏到那个不毛之地的荒僻小镇去聘个村姑？”是啊，从那个时节开始，张学良就是看不上于凤至的，这也为他们将来婚姻的不幸埋下了伏笔，只是那个时候，张作霖并不在意，而是告诉儿子：“这闺女模样好，生辰八字好，文笔书画好，名字更好，吉祥如意。你

听于凤至，凤至的至，不是当皇后的料吗？你小六子别不识抬举，这门亲事就这么定了！你的正室原配，非听我的不可。你如果不同意旧式婚姻，你和于家女成亲后，就叫你媳妇跟着你妈（指继室卢夫人）好了。你在外面再找女人，我可以不管。”

张作霖的确是爱张学良的，不然也不会把话说到这个份上，但这也是张作霖的底线所在，你可以找外室，但老婆必须是于凤至，这么一说，张学良也不敢硬顶了。

显大度◎娥皇女英

亲事既然已经定了，那双方见见面，增进一下感情自然也就是无可厚非之事了，但是张学良本身对这门亲事存在着极大的抵触心理，对于父亲硬逼着自己去娶一个乡下“村姑”怨念深重，怎么可能乖乖地听他爹的话去郑家屯相亲，这不，人是来了，窝在媒人家里六天了，也不肯去见人家姑娘。

若于凤至真的是个“村姑”倒罢了，可于凤至自幼颖悟、诗画双绝、艳压群芳，是被洮昌道尹誉为“僻壤奇伶”的绝世奇女子。她本就对父亲高攀“匪帅之子”很是不愿，如今又见张学良如此轻狂傲慢，如何受得了，立时便要悔婚。

一双小儿女千不愿万不肯，然而父母之命，怎么可能容得儿戏，相亲，是必须要进行的，面必须见，婚也必须结！

只是，于家小姐傲骨嶙嶙，对亲赴奉天见面的要求断然相拒，无奈，张学良不得不迫于父亲的压力，再次来到郑家屯，不过却是隐匿了身份。恰好那个时候于凤至托媒人吴俊生为她买画，吴俊生和张学良一合计，张学良就扮作了画店掌柜，专门在店内等着于凤至。

于凤至到了，张学良却慌了。这就是那个“村姑”？这分明是一个清秀端丽、气质清华、恍若谪仙般的美女啊！不过，长得漂亮不过是父母给了一副好皮囊，再漂亮的村姑，那不还是村姑？这样想着，张学良是觉得自己越想越对，于是就取出一幅郑板桥的《竹兰图》递给于凤至，想要给这位附庸风雅的“村姑”一个难堪。

于凤至看了半晌，才询价：“多少钱？”“三千块！”张学良这算得上是坐地起价宰肥羊了，只不过他是找错了对象。于凤至看了他一眼，就笑：“若是真画，三千块不多，这个吗，三十也不值！”“姑娘不能贬低珍品的价值！”张学良错愕不已，这就被看破了？果不其然，于凤至接下来的话掷地有声：“郑板桥画竹，挥挥洒洒，意味横生，初看轻俗，实则暗藏风骨。可是这张画，空有架子，却无神韵，显然是后人伪造的赝品！”张学良被噎住了。

这个时候，聪慧敏锐的于凤至也从张学良的神色之间看出了一些破绽，心里约摸也就知道是怎么回事了，心思电转着，就想刁难一下这个傲慢的相亲对象。

于凤至这边正思量呢，张学良那边心慌意乱了，没注意，

随手就拿了一幅苏轼的亲笔草书给于凤至赏鉴，当于凤至问价的时候，他也没在意，以为对方就是问问，就随便报了个800元的价格，谁知道姑娘当即掏钱付账了，一幅万金的真迹就这么易手了，张学良还真是傻眼了。

见此情景，于凤至将自己带来的《钟馗捉鬼图》递给张学良让他开个价，画甫一展开，张学良就连呼："好画，好画，这是吴道子真迹！"谁知于凤至却是娥眉半挑，轻笑不已："你说错了，掌柜。它出自吴道子门生黄筌之手。哎呀，你这画店掌柜，真假都分不清，怎么能做买卖啊！"

自知已经被识破，才学又被于凤至鄙视了，张学良是恨不得找个地缝把自己塞进去。可是，于凤至走了之后，这位张家公子却又犯了相思病，火急火燎地要去拜见人家姑娘了，得闻此事，张作霖就调侃爱子："你爹的主意错不了，怎么样？这门亲事好不好？你到底愿不愿意？"张学良自然无有不允，连夜就去找媒人，当在吴俊生那里看到于凤至"劝君休孟浪，三思订秦晋"的留语时，可谓大喜，于是，张家正式上门提亲，张学良于1916年将于凤至迎进了家门。

如果没有赵四小姐的出现，或许他们之间的婚姻会是美满的，只可惜，两人终究有分无缘。

惊世案◎西安事变

赵一荻其人如何，不好评说。为了张学良，她所付出的，她所承受的，并不比于凤至少，或许，也正是因为如此，于凤至才能够对她包容若斯。

赵一荻与张学良从相识、相知到相爱，本身就是一种错误，赵四小姐固然云英未嫁、韶华灿烂，但张学良却已经是有妇之夫，是三个孩子的父亲了，两个人之间的暧昧在整个圈子中传得沸沸扬扬，且不论于凤至情何以堪，四小姐那位刚直清廉的父亲赵庆华先生就无法容忍这种“伤风败俗、不知廉耻”的行径，于是他软禁了赵一荻。

然而，两地相隔，相见无期，并没有让两个人的感情淡漠，两人不断鸿雁传书、寄语明月，一腔相思，转化成了最炽烈的感情燃烧胸膛，愈发难分难舍，如胶似漆。

而那个时候，皇姑屯事变惊起，张作霖遇难，张学良不得不满怀悲愤，秘赴沈阳为父治丧。与此同时，赵一荻离家出走，到沈阳与张学良相会，从此，二人便在北陵别墅同居了。

当震惊中外的西安事变发生的时候，于凤至正在美国旧金山陪伴着三个孩子读书，守在张学良身边的，正是赵一荻。

西安事变虽然最后和平解决，国共实现了再次合作，但张学良却没有得到什么好结果，被盛怒的蒋介石幽禁起来。惊闻噩耗，于凤至立即回国，前往浙江奉化溪口陪伴张学良，而在那之前，赵一荻已经迫于无奈，移居香港。

对于赵一荻，于凤至持相当宽容的态度，娥皇女英，当不过如是。每每谈及赵一荻，于凤至都会由衷地说："哪料到转眼50年了！赵绮霞对张家是有大功的，真不容易啊！"一个没名没分的女人，能够在张学良落难之时陪伴身边，不离不弃，这份真情，无论如何，都是不能抹杀的。

虽然丈夫对自己不忠，但于凤至却用常人难以企及的器量包容了这对恋人，她对赵一荻没有多少怨恨，对丈夫也始终如一，她常说："汉卿这人好啊，热情厚道，极富有正义感，一生从不负人。我们夫妻感情一直是很好的。"

西安事变之后，张学良的一生其实已经被毁了，纵使他同蒋介石、宋美龄一家私交再笃，这种错误，依旧无法被原谅，他的结局已经注定，但于凤至却没有离他而去，哪怕这个男人曾经对她不忠，她还是不离不弃地守候在他的身边，一边承受着爱子在异国精神受创而自己无法陪伴在侧的痛苦，一边还要宽慰内心凄苦的丈夫，如是三年，她陪伴着软禁中的张学良辗转多地，无怨无悔，直至三年后，身患癌症，不得不出国治疗，才与丈夫分离。

而后不久，赵一荻再次来到贵州，陪伴在张学良身边，与他一起看报读书、钓鱼打球、鉴赏古玩、撰写文章，悉心照料张学良，也让幽居之中的张学良身心得到了极大的安慰。

自断腕◎为爱而离

1936 年 12 月，西安事变发生，举国震惊，张学良兵谏蒋介石，联共抗日之议终获首肯。张学良却因此被幽禁，这还是得益于他和宋家不同寻常的关系。

得知丈夫出事之后，于凤至立即从美国飞回南京，几番求见蒋介石而不得，万般无奈，她不得不求助于自己的干娘（宋美龄的母亲）和干姐姐宋美龄，然而蒋介石依旧不肯松口。为了这件事，宋子文甚至一度从财政部长的位置上辞职。

蒋介石是固执的，张学良的行为已经触碰了他的底线，他无法容忍，在他看来，只是把张学良送上军事法庭判刑软禁已经是相当的仁至义尽了。

于凤至多番奔走斡旋无果，又因身患重病，不得不携子女飞到美国。在美国，她以绝世天资，闯下了一份偌大的家业，在美国的影响力，甚至已经为蒋介石所忌惮。国民党败走台湾之后，张学良也随行，为了断绝张学良的“后路”，让于凤至的影响无法扩散到台湾，也让张学良死心，蒋介石夫妇利用张学良笃信基督的由头逼迫他与于凤至离婚。

张学良对于凤至是满心愧疚的，然而，与此同时，与赵

一荻风风雨雨几十年甘苦同尝，他也想给她一个交代，一个名分，离婚，似乎又是最好的选择。

就在张学良纠结不已的时候，赵一荻收到了一封来自美国的于凤至的亲笔信，信中，于凤至这样写道：

> 妹慧鉴：时间过得真快，自从1940年我赴美医治乳癌，已经廿余年不曾见面，真是隔海翘首，天各一方！记得是1928年秋天，在天津《大公报》上看到你父亲因你和汉卿到奉天而发表的《启事》，声称与你断绝父女关系。
>
> 那时虽然我与你还不相认，但却有耳闻。你是位聪明果断、知书达理的贤惠女子。你住进北陵后，潜心学业，在汉卿宣布东北易帜时，你成了他有力的助手。
>
> 为了家庭和睦，你深明大义，甚至同意汉卿所提出的苛刻条件：不给你以夫人名义，对外以秘书称谓。从那时开始，你在你父亲和公众舆论的压力下，表现出超人的坚贞和顾全大局的心胸，这都成为我们日后真诚相处的基础与纽带！
>
> 你我第一次见面，是1929年的冬天。我记得，那天沈阳大雪纷飞，我是从汉卿的言语上偶尔流露中得知你已产下一子，这本来是件喜事。但是我听说你为闾琳的降生而忧虑。因为你和汉卿并无夫妻名分，由你本人抚养婴儿实在是件很困难的事情。我在你临产以前，就为你备下了乳粉与乳婴的衣物。那时我不想到北陵探望，令你难为情。

我思来想去，决定还是亲自到北陵看你。我冒着鹅毛大雪，带着蒋妈赶到你的住处，见了面我才知道你不仅是位聪明贤惠的妹妹，还是位美丽温柔的女子。当你听我说把孩子抱回大帅府，由我代你抚养时，你感动得嘴唇哆嗦，眼泪就像断了线的珠子一样滚落下来，你叫一声“大姐”，就抱住我失声地哭了起来……

汉卿后来被囚于奉化，你已经由上海转香港。我非常理解你的处境，你和闾琳暂避香港完全是出于不得已！经我据理力争，宋美龄和蒋介石被迫同意我去奉化陪狱。嗣后，我随汉卿转辗了许多地方。转眼就是三年，妹，我只陪了汉卿3年，可是你却在牢中陪他20多年。你的意志是一般女人所不能相比的……

妹，回首逝去的岁月，汉卿对于我的敬重，对我的真情都是难以忘怀的。他为了尊重我，始终不肯给你以应得的名义……闾瑛和鹏飞带回了汉卿的信，他在信中谈及他在受洗时不能同时有两个妻子。我听后十分理解，事实上20多年的患难生活，你早已成为了汉卿最真挚的知己和伴侣了。我对你的忠贞，表示敬佩……现在我正式提出：为了尊重你和汉卿多年的患难深情，我同意与汉卿解除婚姻关系，并且真诚地祝你们知己缔盟，偕老百年！

于凤至不爱张学良吗？不，她很爱他！

然而，正因为如此，她才愿意成全他，既然张学良和赵一荻在一起才能够平安喜乐，那么为了自己所爱的人，放手又何

妨呢？于凤至和张学良离婚了，留下的，便是风中一缕淡淡的栀子花香。

死同穴◎今生为你等待

人的感情，永远都是那么的奇怪而复杂，爱，这种东西，又何尝能够说得清道得明呢？

张学良和于凤至是离婚了，但那薄薄的一纸离婚协议书又能说明什么，又能改变什么？他不是她名义上的丈夫，仅此而已。

夫妻风风雨雨二十多年，相濡以沫的感情又岂是一张冷冰冰的文书可以抹杀的。

虽然身在异国，夫妻相见遥遥无期，甚至，他已不是她的夫，但，于凤至还是心心念念地想着他，片刻都不曾相忘。

她在异国购置房产无数，为的也不过是当那个男人有朝一日能够重见天日的时候，可以有一个栖身之所，可以有一个安度晚年的地方。

她先后在好莱坞山上购置了包括伊丽沙白·泰勒旧居在内的两处豪宅，当被孙辈问及买这么多房子干什么的时候，她说："我将所有的钱都用在买房子上，就是希望将来你们的祖父（张学良）一旦有自由的时候，这别墅就可以作为他和赵绮霞（赵一荻）两人共度晚年的地方。这也是我给他的最好礼物了。现在，我的心愿总算得以实现了！"

于凤至一生最大的愿望，是和自己的丈夫一起回到那片生她养她的黑土地，但这个愿望最终没能实现。1990 年 3 月 20 日，于凤至在美国病逝，临终之前，她留下了这样的嘱托："在我死去以后，可将我埋在洛杉矶城外最高的山上，我可以在那里随时望见我的故乡……还有，在我的坟墓旁边，请替我掘下一个空穴，那是……那是留给他的……"这里的他，自然是那个与她风雨同舟二十多年的丈夫张学良。

多年之后，当张学良终于站到了于凤至面前的时候，除了慨叹"平生无憾事，惟一爱女人"之外，又能为她做些什么呢？

这一生，是他辜负了她，只盼来世，亦能风雨同舟，连理并蒂，呵护她，补偿她，做她门前那棵遮风挡雨的树吧！

喁喁私语终有尽

山寺微茫背夕曛，
鸟飞不到半山昏，
上方孤磬定行云。
试上高峰窥皓月，
偶开天眼觑红尘，
可怜身是眼中人。

——王国维《浣溪沙·山寺微茫》

人之一生，朋友无数，然相交满天下，知音有几人？

张爱玲是爱胡兰成的，不仅仅因为胡兰成是爱她的，更是因为胡兰成是真正能够读懂她的人，即便这种爱，是那样的短暂，那样的无常。

仅仅爱一个人，就够了吗？不是的！

爱，是修百年才能同舟、修千年方能共枕的缘分，可遇不可求，可以帮助我们去理解，去宽慰，甚至去牺牲。懂得，是喧嚣尘世中的光辉，虽转瞬而逝，但也能照到地老天荒。心有灵犀，有时比爱情本身还要难。生命中的人，有来帮忙的，有来毁灭的，我们自己无法做主。有的时候，爱的人，不过是我们命运中的劫数。轮回中打过多少次滚，几次翻身，或许才能躲过。

胡兰成这样评价张爱玲：他是真的懂她的人，所以，他用一刻的爱，换取了她一生的痴情！

胡兰成或许真的爱过张爱玲吧，但那却只是一瞬。他对她，更多的是赞叹，是欣赏，是倾慕，而不是爱恋！

她却认定了他，他就是我的良人，于是，她无怨无悔地爱了一生。

爱玲之殇，莫过如是！

识文章◎相知相爱

胡兰成是怎样一个人？

“我对于怎样天崩地裂的灾难，与人世的割恩难爱，要我流一滴眼泪，总也不能了。我是幼年时的啼哭，都已还给了母亲，成年的号泣，都已还给了玉凤，此心已回到了如天地之不仁！”或许在他为了安葬发妻玉凤而债台高筑、求助无门的时候，他骨子里还是一个倔强而骄傲的文人。只是残酷的现实将

他的棱角打磨得平整圆滑，生活的无奈让他一步步地走向了深渊。

当这个男人在底层的苦苦挣扎之中，将自己的道德、良知、尊严、人格都深深埋葬了的时候，他已经走向了沉沦。

为了生存，为了可以更好地活着，胡兰成抛撇了一切，所以，当汪精卫向他抛出橄榄枝的时候，他毫不犹豫地接住了，哪怕他知道自己这样做意味着什么。

这算不算有奶便是娘?

对于胡兰成其人的个人品格与操守如何，我们不好置喙，但不得不实话实说，这个人虽然德行有亏，但他的确是有才的。

英雄惜英雄，自古皆然，战场如是，江湖如是，文坛，又何尝不是如此。在1944年那个尚还残存着料峭寒意的春天，当在南京养病的胡兰成在《天地》第11期上看到张爱玲的《封锁》时，他忍不住击节赞叹了!

他第一次对张爱玲升起了浓浓的好奇心。

对一个女人来说，当她对一个男人产生好奇的时候，就说明她距离爱上这个男人已经不远了，同样的，对于一个男人来说，当他对一个女人产生好奇的时候，爱上这个女人其实已经不是什么奇怪的事情了。

事实上，当在第12期《天地》上见到张爱玲的照片的时候，胡兰成想见张爱玲的心已经变得相当急迫了。

不过当胡兰成要求给他杂志的苏青带着他去拜访张爱玲的时候，苏青拒绝了，因为张爱玲从来都不见外客。

苏青的拒绝并没有让胡兰成沮丧，他软磨硬泡，终于问出了张爱玲的地址——静安寺路赫德路口 192 号公寓 6 楼 65 室。

第二天，这个已经结过两次婚的有妇之夫真的登门拜访了张爱玲，只不过，不出所料遭到了婉拒。

不过，令胡兰成欣喜的是，他临走之时塞进张爱玲家门缝的纸条起了莫大的作用，在被拒绝的次日，张爱玲亲自上门拜访了他。

两个人，就这样见面了。

所谓相见怎如不见，亲眼见到张爱玲的时候，胡兰成的心里多少是有些失望的，这并不是他想象之中风华绝代的绰约女子，她看上去更像是一个青涩的学生，即使她的身材真的很高挑。

然而，两个人却相谈甚欢，他们谈了许多，包括家庭，包括生活，包括文学，包括许多许多，他们无所不谈，甚至，当胡兰成问及张爱玲每个月的稿费收入时，她都没觉得有什么唐突，“因为相知，所以懂得”吧，这一对年龄相差悬殊却相见恨晚的男女，已经将对方引为知己。

“你的身材这样高，这怎么可以？”夕阳斜照，五个小时的时间已经过去了，当张爱玲提出告辞的时候，胡兰成送她出了弄堂，却突然说了这样一句话。这，更像是情人之间的俚语，此时此刻，未免孟浪，但不知道怎么的，张爱玲虽然不悦，却没有恼。

之后第二天，胡兰成来到了赫德路张爱玲的寓所，这个男人仿佛第一次进大观园的刘姥姥，在张爱玲的家中着实彷徨了一番，引得佳人莞尔。

从那之后，两个人的交往日益密切，关系也越来越暧昧，乃至有一天，张爱玲将那张刊在《天地》上的照片送给胡兰成的时候，胡兰成在照片的背后竟见了这样的话："见了他，她变得很低很低，低到尘埃里。但她心里是欢喜的，从尘埃里开出花来。"这个蜚声中外、出身名门的大家闺秀，竟这样轻易地爱上了那个大她 14 岁的有妇之夫。这，是何等的匪夷所思。

花月期◎现世安稳

爱情这种东西真的非常奇怪，不经意间，它便已经来到了身边。

多次的相见之后，胡兰成和张爱玲陷入了爱河。

那时候，胡兰成供职于南京，张爱玲长居上海，胡兰成是一个 38 岁的有妇之夫，而张爱玲则是名门淑媛，正值花信年华，这样身份、背景悬殊的两个人竟然走到了一起，甚至你侬我侬，亲密异常，也不知道跌破了多少人的眼镜。

张爱玲和胡兰成的恋爱，在那个时代，绝对称得上是石破天惊了。

胡兰成是谁？汪伪政府的御用文人，彻头彻尾的大汉奸，一个年龄大到可以成为张爱玲父亲的有妇之夫，一个38岁的老男人！

张爱玲又是谁？著名作家，名门闺秀，巾帼不让须眉的绝代奇女子，韶华灿烂的妙龄女郎，一个24岁的花信少女。

这样的两个人，竟然真的走到了一起，这，是何等的不可思议。

世人毁誉与我何干？面对种种谣言和质疑，张爱玲却只是云淡风轻地一笑。

她本就不是凡俗的女子，她不在乎胡兰成汉奸的身份，不在乎胡兰成是有妇之夫，不在乎胡兰成的年龄太大，甚至不在乎胡兰成是不是会爱她一辈子。“我想过，你将来就是在我这里来来去去亦可以。”张爱玲曾经这样对胡兰成说。她真的不在乎胡兰成的一切一切，她和他在一起，只是因为，他，是唯一懂她的那个人！

他懂她在高贵典雅外表下的少女本性，他懂她在坚强睿智外表下的脆弱内心，他的出现，不仅填补了她对爱情的希冀，更填补了她内心父爱的缺失，不幸的童年，让她比想象中要孱弱与柔情，当他真的“懂得”她之后，他收获了她一世的痴情。

他们，就这样超凡脱俗地恋了，爱了，没有理由，也不需要理由。

就在两个人的爱情不断升温的时候，胡兰成的妻子，要和

他离婚！胡兰成离婚了，于是，张爱玲成为了胡兰成的第三任妻子。

他们的婚礼是那样的简单，没有去登记，没有举办任何的仪式，一纸文书就定了终生。

“胡兰成与张爱玲签订终生，结为夫妇。愿使岁月静好，现世安稳。”

这就是他们的婚书！

苦恋的一双男女终于修成了正果，即便他们的幸福没有任何人见证。

新婚燕尔，爱郎在侧，张爱玲灵思泉涌，也进入了创作的黄金时期，许多后世流传的经典之作，都是在那个时候诞生的，比如说《爱》。

戏人生◎新欢不断

人无千日好，花无百日红，朝朝暮暮或许还可以，天长地久实际上就是一种奢望，胡兰成，本就不是一个爱情的卫道士。

1944年前后，中华大地是动荡不安的，国共合作，八年抗战，胜利就在眼前。

日本鬼子已经败了，主人就要死了，汪伪政权这条日本人的走狗，自然也是气数已尽，没有了日本人的庇护，中华大地哪里有汉奸生存的土壤。

张爱玲是个文人，是个女人，她对政治并不热衷也不敏感，即使她的外祖父是一代权臣李鸿章。

汪伪政府风雨飘摇，胡兰成将如何自处，这一点，张爱玲不得不去考虑，因为，她爱那个男人。

“来日大难，口燥唇干，今日相乐，皆当喜欢。”

幼逢惊变之后，及时行乐便成了张爱玲的处世哲学之一，纵便是心里挂牵着胡兰成，但她的表面依旧是平静的，乐观的。

“将来日本战败，我大概还是能逃脱这一劫的，就是开始一两年恐怕要隐姓埋名躲藏起来，我们不好再在一起的。”那个时候，胡兰成这样对张爱玲说。

“那时你变姓名，可叫张牵，或叫张招，天涯海角有我在牵你招你。”张爱玲如是回应，这便是她的心声吧，她是多么地爱恋这个男人，她是用自己生命中的全部在爱他的啊！

劳燕终有一日，是要分飞的。

1944 年年底，身为《大楚报》主编的胡兰成动身南下武汉，和爱妻张爱玲伤离别。

在那个动荡的年代，作为汪伪政府“总部”的武汉是缺乏宁静的，时不时便会遭到空袭，人的生命在那里是那样的脆弱，时时刻刻提心吊胆地活着是那么的累。某一次，在空袭之中差点遇难的胡兰成“临终”的时候，呼唤的是张爱玲的名字。

那时节，他也是用全部的爱在爱着那个小了他 14 岁的娇妻吧。

只可惜，不要指望像胡兰成这样一个连良知都抛却了的男人能够从一而终，当汉阳医院年轻漂亮的女护士周训德出现在他生命中的时候，张爱玲这个名字便彻底地被他丢到九霄云外。很快，胡兰成和周训德结了婚，而张爱玲被蒙在鼓里，甚至还在和他鸿雁传书、互诉衷肠。直到次年春天，胡兰成再次回到上海的时候，张爱玲才终于知道了周训德的存在。

张爱玲的心被深深地刺伤了，她想要放手，可却蓦然惊觉，原来，自己竟然已经那样深刻地爱上了这个男人，爱得难以自拔，于是，她妥协了。

在上海，胡兰成从来都不提周训德，这给了张爱玲一种错觉，但是，她却不知道，胡兰成在武汉周训德的家中也从来不提她张爱玲。

时间就这样在张爱玲的惆怅、胡兰成的滥情之中悄然划过，抗日战争终于取得了辉煌的胜利，日本投降了，汪伪政权也走到了尽头，胡兰成不得不惶惶如丧家之犬一般逃窜。

他隐姓埋名，潜逃浙江，以张佩纶（张爱玲的祖父）后人张嘉仪的身份住进了高中同学斯颂德的家里。

彼时，举国上下，正对汉奸喊打喊杀，斯家也是惶恐不已，但碍于斯颂德的情面，却不得不庇护胡兰成，于是安排他到斯颂德庶母范秀美的老家温州去避难。谁都没有想到的是，就在胡兰成和范秀美一路同行的这段日子，两个人竟然搞到了一起，及至到了温州，更是以夫妻的名义示人，安安乐乐过起了小日子。

只是，让胡兰成始料未及的是，就在他和范秀美在温州安居的时候，张爱玲竟然找来了。三人见面，其尴尬可想而知。但出于维护各自面子的考量，三个人没有闹，而是约定去旅馆把一切说清楚。

在旅馆之中，张爱玲和胡兰成聊了很久。期间，胡兰成肚子很疼，但他却忍着，不和张爱玲说，直到范秀美来了，他才开口告诉范秀美，范秀美就去给他泡茶，告诉他喝杯茶一会儿就好。这个时候，张爱玲突然有些怅然若失，或许，自己真的不是一个会疼人的女人吧，诗诗文文、情情爱爱这些，终究抵不上一个知冷知热的贴心女人吧。

那个时候，张爱玲就觉得，胡兰成和范秀美更像是夫妻，而她，才是那个第三者。这样的感觉，在她有一次为范秀美画像的时候，表现得更加的明显了。那个时候，她画着画着，怎么都画不下去了，当胡兰成惊问其故的时候，她这样说："我画着画着，只觉得她的眉，她的神情，她的嘴，越来越像你，心里好不震动，一阵难受就再也画不下去了。"

夫妻相吗？张爱玲不得而知，但，她却知道，她生命中最美好的一段感情就要结束了，胡兰成多情如斯，她已接受不了。

伤离别◎一纸成谶

离开温州之后，张爱玲和胡兰成的关系迅速冷淡了下来，虽然还偶有联系，但也多是张爱玲在接济流亡中的胡兰成，二人的最后一次见面，是在上海张爱玲的寓所，那个时候，胡兰成是为了避难。

那次见面，两个人不欢而散，胡兰成不但不静思己过，反而对张爱玲横加指责。张爱玲的心，彻底冷了。

1947 年 6 月，当确定胡兰成已经脱离险境，安定下来之后，张爱玲将 30 万的稿费和一纸诀别信寄给了胡兰成，信是这样写的："我已经不喜欢你了，你是早已经不喜欢我的了。这次的决心，是我经过一年半长时间考虑的……你不要来寻我，即或写信来，我亦是不看的了。"

彼时，胡兰成还奢望能够挽回这段已经破碎的感情，只是无论写信给张爱玲本人，还是她的好友炎樱，都没有得到回复。

时间进入 20 世纪 50 年代。一日，已经迁居日本，和余爱珍同居的胡兰成突然收到了一张明信片："手边若有《战难和亦不易》《文明与传统》等书（《山河岁月》除外），能否暂借数月作参考？"看着那熟悉的娟秀笔迹，看着后面张爱玲的地址，胡兰成兴奋了，他以为破镜还可以重圆，于是洋洋洒洒地写了一封长长的情书给张爱玲，只是得到的只是这样的回复：“兰成：你的信和书都收到了，非常感谢。我不想写信，请你原谅。我因为实在无法找到你的旧著作参考，所以冒失地向你借，如果使你误会，我是真的觉得抱歉。《今生今世》下卷出版的时候，你若是不感到不快，请寄一本给我。我在这里预先道谢，不另写信了。爱玲 ”如是，胡兰成终究还是绝了旧情复燃之念。

他们之间的爱情昙花，绽放之时虽然是那样的耀目与妖娆，然而，却不过是一瞬，随后，便凋谢了，同时凋谢的，还有张爱玲的心。

胡兰成的滥情深深地伤害了她，这个不顾凡俗深爱着他的女子已经被伤得支离破碎，她不想再受伤了，她不愿意再爱了！

风中，一片红叶落，那隔壁的夏花还在绽放吗？

浮世绘◎一切皆浮云

失恋对于每一个女人来说，都是沉重的心殇。胡兰成的背叛，也深深地伤害了张爱玲，但她毕竟是张爱玲，不同于那些凡俗的女子，她不会伤春悲秋，不会怨天尤人，她终究还是豁达的。

胡兰成的才华，胡兰成的学识，胡兰成那种成熟男人的魅力，胡兰成那练达洞彻的眼光无不在吸引着张爱玲，他以为他懂她，她也以为他懂她，于是两个人就这样走到了一起，但，

他真的懂她吗?

《半生缘》中的男男女女之中，会否也有他们自己的影子? 胡兰成、张爱玲、周训德、范秀美，以及余爱珍?

有的女人，会为了情殇而郁郁一生，张爱玲自然不会，实际上，她和赖雅在一起的时候也是真心欢喜的，就如，她当初爱胡兰成的时候，也是那样的纯粹。

张爱玲是一个奇特的女人，她敢爱敢恨，她从来也都不避讳自己的感情，既然爱了，便爱得轰轰烈烈，爱得真真诚诚，如同当年，胡兰成汉奸的身份，也没能让她改变初衷。

她是一个豁达的女人，对了，错了，恋了，爱了，离了，散了，不过都是人生这件华丽的长袍上爬满的虱子，终究还是要掸去的。

她得意过，失意过，不过，对她而言，都不过是过眼的云烟。

张爱玲，便是那样一个高贵得让人不敢仰视的女子，她是那样的孤绝，那样的清华，那样的出尘脱俗，那样的纤尘不染，不容亵渎。

那一段曾经的真情，那个叫胡兰成的男人，在她的心中纵然留下了漪涟重重，也终将沉入湖底。

爱恨一念间，谁又明了，谁又知道?

终非我良人

世事短如春梦，人情薄似秋云。
不须计较苦劳心，万事原来有命。
幸遇三杯酒好，况逢一朵花新。
片时欢笑且相亲，明日阴晴未定。

——朱敦儒《西江月·世事短如春梦》

一个女人，命中注定了她会遇到一个有着千丝万缕牵扯的男人，这个男人是恶的，她的生活就将沉沦，这个男人是善的，她的明天才会一片璀璨，这个男人的胸怀，决定着她天空的阔度。

一切，都是命中注定的，逃不掉，也避不开。

萧军就是萧红的那个男人，当他出现后，萧红的人生轨迹发生了重大的转折。

假如没有萧军的引领，也许被鲁迅先生盛赞为“最有

希望的女作家”的萧红已经在哈尔滨的洪水滔滔之中泯然众人了，不过，她很幸运，因为，她遇到了萧军。

萧军就是萧红那个命定的男人吧？无论他们的相遇是幸还是不幸，无论他们最终是否能够相守白头，他们都爱过了，付出了，他们经历了，所以，无论如何，都知足了。

萧军，是萧红的引路之人，是他，将萧红引进了一个她从来都不曾接触过的圈子，那个圈子里，不仅有着罗烽、白朗、金剑啸等热情昂扬的共产党人，还有着一批斗志长存的左翼作家，萧红，就这样加入了他们，和他们成为战友，成为朋友，成为知己，也正是因为如此，萧红变了，她变得锋锐，她变得文采飞扬，她找到了生命的真谛。

《跋涉》就在这样的状态下问世了，它代表的，大概正是萧红的新生吧！

遭抛弃◎写信求助

乍一看到两个人的名字，萧军萧红，或许很多人都会认为他们之间的确是很有缘的。实际上，这一对文坛的革命“红军”，没有谁真的姓萧，萧军和萧红，不过都是笔名罢了。

萧军原名刘鸿霖，萧红原名张乃莹，他们都是革命的坚强斗士。

萧红早慧，自幼聪颖，这个“早醒而忧郁”的孩子，对知识，对自由充满了向往，她是一个斗士，她为了自己的命运会不断抗争，所以，当父亲张庭举在她19岁的时候要她嫁给门当户对的王恩甲的时候，这位出身世家、娇生惯养的大小姐任性地逃婚了。

生逢乱世，要活下去本就异样的艰难，便是七尺男儿汉，被冻饿而死的都不知凡几，更何况是两手不沾阳春水的萧红呢。

离家出走之后，这位张家大小姐终于知道了生活的艰辛，知道在这样的乱世，活着就是一种幸福。

事实上，张家在哈尔滨的人脉很广，亲朋甚众，但那毕竟都是父亲张庭举的关系，既然自己已经断然地离开了那个家，再这样间接地依靠父亲，又有什么意义呢？

于是，她开始找工作，希望能够靠自己的双手来养活自己，结果可想而知，像她这样的女孩，根本就受不得工厂的苦累，身无分文的她，在不知道该如何继续生活的情况下，骨子里对男人依赖的女子天性还是爆发了，她希望这个时候能够有一个男人成为她的避风港，而最终，她选择的男人不是她的父亲张庭举，而是她的未婚夫王恩甲。

对于萧红的投奔，虽然王家上下嗤之以鼻，但王恩甲本人却是相当欢迎的。慢慢地，在两个人同居的日子里，萧红觉得自己已经爱上了王恩甲，甚至觉得自己当初的逃婚是何等的鲁

莽，然而，两个人终究还是合不来的，他们志趣不同，萧红一心要去北京求学，而王恩甲却死活都不肯同意，于是两个人闹翻了。

要说起来，萧红就是那种天真得有点傻的直率姑娘，不谙世事，不懂权谋，更不懂得人心诡谲，她是那么信任王恩甲，甚至还曾一度坚定地相信，自己和王恩甲能够得到最完满的结局，她这个逃过婚的新娘还能够得到王家的原谅与认同。

只是，就在萧红被王恩甲从北京骗回来之后的不久，那个曾经对她信誓旦旦的男人悄悄地离开了他们租住的旅馆，留给身怀六甲的萧红的，除了满腹的伤痛之外，还有一屁股的债。

王恩甲为何离开？是迫于王家的压力？还是这件事本来便是他对萧红的报复？这些萧红不得而知，她也没有功夫去理会这些了，因为她的人生，已经面临了绝境，她已经被王恩甲的不负责任逼上了悬崖。

旅馆的老板已经放话，只等萧红生下孩子，马上就把她卖进窑子里肉偿抵债。

走投无路之下，萧红不得不求助于《国际协报》，也就在那个时候，她认识了该报的自由撰稿人萧军，两人就这样偶然地相识，偶然地相知，偶然地相爱了，萧军很大气地来了场“英雄救美”，萧红自然便“以身相许”了，他们的恋情是那样的梦幻，梦幻得并不真实，但，这段姻缘却又真的那般美丽。

遇洪水◎倾城之恋

“浪儿无国也无家，只是江头暂寄槎。结得鸳鸯眠更好，何关梦里路天涯。浪抛红豆结相思，结得相思恨已迟。一样秋花经苦雨，朝来犹傍并头枝。凉月西风漠漠天，寸心如雾复如烟。夜阑露点栏杆湿，一是双双俏倚肩。”在 1932 年，那场肆虐了整个哈尔滨的洪水之中，萧军以这样一首诗，与萧红情定一生。

那一夜，雨骤风狂，那一夜，洪水滔天，那一夜，萧军仿佛是天神一般降临到了萧红的面前，那一夜，萧军带着她脱离了苦海。

就在那一夜，她爱上了他，也就在那一夜，她的人生发生了重大的偏折。

美女总是爱英雄的，萧红也不例外，在萧军的帮助之下，她在哈尔滨市立第一医院诞下了她与王恩甲的女儿，只是这个孩子，她无论如何都不想带在身边，于是，送人了。

在那之后，萧红跟着萧军离开了，他们的生活是漂泊的，是清贫的，是拮据的，但同时，他们也是快乐的，是幸福的，是悠然的。

他们的心靠得是那样的近，他们的生活是那样的甜蜜，不

知道羡煞了多少旁人。

对于萧红来说，萧军不仅仅是她的男人，是她相濡以沫一生的男人，是她的丈夫，更是她的引路人，正是在萧军的引领和鼓励下，萧红才走上了自己的创作之路，奠定了她在中国现代文学史上的地位。

当《王阿嫂之死》发表的时候，萧红是那样的激动，这是她变成铅字的第一篇作品，对她的意义完全不下于后来的《生死场》。

一篇《王阿嫂之死》投石问路，萧红正式踏入东北文坛，此后，她与丈夫萧军一起结集出版了《跋涉》一书，自此，他们已经露出了自己的峥嵘。

1934 年年底，萧红萧军来到上海，在鲁迅先生的提携下，夫妇二人先后出版了他们的成名之作《生死场》和《八月的乡村》。

他们都出名了，他们的生活越过越好，他们的手头越来越宽裕，但，他们之间的感情却似乎越来越淡漠了。

“偶是相逢患难中，怜才济困一肩承。松花江畔饥寒日，上海滩头共命行。”对自己与萧红之间的情事，萧军这样说，他们相逢于微末，他们风雨同舟，患难与共，他们是患难夫妻，他们其实更像是风雨中相互扶助的战友，他们的婚姻存在着太多的偶然，他们，其实并没有坚实的感情基础。

他们性格迥异，他们的人生选择也不尽相同，这些矛盾与纠结，当患难之时，并不凸显，当他们的生活真正地安定与富足之后，不融洽却是那样的明显与突兀。

萧军说："她单纯、淳厚、倔强，有才能，我爱她。"他们都是风中那最顽强的杂草，他们都是叛逆的流浪者，正如同萧军所说过的那样："不管天，不管地，不担心明天的生活；蔑视一切，傲视一切……这种'流浪汉'式的性格，我们也是共有的。"

曾经流浪的那段日子，反而是他们生命中最值得珍惜与回忆的日子，那个时候，他们相濡以沫，他们自动忽略了对方的缺点，他们就像是两个快要冻死的人，只有在彼此的身上才能够寻到温暖，他们相互偎依，相互拥抱，因为只有那样，他们才能一起度过数九寒天，才有可能迎接春暖花开。

然而，春暖了，花开了，他们却蓦然惊觉，原来，拥抱在一起是如此的不舒服，他们才陡然发现，原来对方身上的温暖，自己已经不再需要。

萧红说："我爱萧军，今天还爱，他是个优秀的小说家，在思想上是同志，又是一同在患难中挣扎过来的！"是的，他们还彼此爱着对方，可这样的爱，却正是他们痛苦的源泉。萧军曾经在一封致萧红的信中这样说："前信我曾说过，你是这世界上真正认识我和真正爱我的人！也正为了这样，也是我自己痛苦的源泉，也是你的痛苦源泉。"

萧军是爱萧红的，萧红也是爱萧军的，正是因为彼此炽热的爱，所以，他们走到了一起，也正是因为彼此爱得深沉，他们分手了。

暗凄凉◎各自情伤

萧军和萧红，算得上是真正的患难夫妻。萧军，曾经是萧红心中不变的“英雄”，是挡在她的身前，为她遮风挡雨的高山，但，随着萧军的出轨，都仿佛那天空中最美丽的肥皂泡一般破灭了。

萧军是知名作家，文坛新锐，萧红更是才女，两人的结合，一度被传为文坛佳话。

但人们不知道的是，萧军本人，在家中是一个绝对的大男子主义者，他习惯了去支配他的妻子，他要求她做这做那，还时常苛责。在家中，同样身为知名作家的萧红就是一个彻头彻尾的家庭主妇，在丈夫面前忍气吞声、委曲求全。但她的容忍并没有换得丈夫的怜爱，萧军还是出轨了。甚至萧军对萧红，还有过家庭暴力。

“有一次，几位朋友看到萧红的眼睛青肿，她掩饰说，我自己不加小心，昨天跌伤了。而萧军则在一边说，什么跌伤了，别不要脸了！我昨天喝了酒，借点酒气我就打了她一拳，就把她的眼睛打青了。他说着还挥了挥紧握的拳头。”据友人回忆，萧军对萧红实际上有的时候的确是粗暴的。而萧红之所以容忍她的丈夫，无非是眷恋着他的好，他的爱。萧红是一个受过情伤的女子，未婚夫王恩甲对她的伤害在她的心中留下了浓重的阴影，所以，她害怕也痛恨萧军的背叛，可是，萧军还是背叛了。

当然，这些说法，并没有得到当事人的佐证，真假难辨。

事实上，为了挽回那段失败的婚姻，萧红曾经去日本呆了一段时间，双方都需要冷静。在萧红离开的日子，两人的感情有了复合的迹象，只可惜好景不长，破镜终究难圆，覆水更是不可能收回。

萧红最痛恨的便是男人对于感情的背叛，哪怕萧军已经认错，可萧红的心中已经生了一根刺，她还是不能接受，不能原谅。

恰在这个时候，“七七事变”爆发，同是革命斗士的萧军和萧红双双投入了抗日救亡的斗争之中，家庭的矛盾似乎也得到了缓和。

那个时候，他们一起在武汉为《七月》撰稿，也就是在那个时候，温文尔雅的端木蕻良出现在了他们的生活中。

或许是为了报复萧军，或许是真的对温和醇厚的端木产生了好感，很快萧红和端木之间变得暧昧难明，这也加剧了萧军、萧红之间感情的恶化。

1938年，局势越来越紧张，时任临汾民族革命大学教授的萧军夫妻不得不随队撤离，也就是在那个时候，他们分道扬镳了。

萧军决定留下，萧红则主张南下，激烈的争执过后，他们的婚姻真的走到了尽头。

“萧红和你最好，你要照顾她。她在处事方面，简直什么也不懂，很容易吃亏上当的。她单纯、淳厚、倔强、有才能，我爱她……但她不是妻子，尤其不是我的。”在萧红临行之前，萧军这样嘱咐也要南下的聂绀弩，只是当对方试图规劝他的时候，他却很淡然：“别大惊小怪！我说过，我爱她，就是说我可以迁就。不过这是痛苦的，她也会痛苦，但是如果她不先说和我分手，我们还永远是夫妻，我决不先抛弃她！”

“萧军，上来吧！一块去西安。”

萧军是痛苦的，萧红又何尝不是如此，他们在患难之中结合，他们一起走过了太多太多困顿的日子，眼看着寒冬将去，春暖花开了，相爱的两个人却要分道扬镳，从此形同陌路，这，如何不令人心殇。直到火车开动的那一刻，萧红还在努力，她希望萧军能够跟着她离开，她希望两个人能够真的携手桑榆，白头到老，只可惜……萧军最终没有踏上那辆列车。

萧红走了，带走的，是她精心维护了多年的深情，带走的是相守一生的誓言，当汽笛长鸣的那一刻，一滴清泪自萧红的眼角缓缓地滑落，碎作了一地的支离。

思绪飞◎人生如若初见

或许，当萧军的身体出轨的那一刻，他与萧红的婚姻就注定了那必然的结局，无论是端木的出现，还是在临汾的分道扬镳，实际上都不过是其中偶然出现的坎坷与波澜。

或许，正是因为他们爱得太深，所以才爱得如此的痛苦，所以才无法最终携手白头吧。

事实上，自从与萧军之间的感情出现裂痕之后，萧红的创作热情就一下子湮灭了，她再也不是那个热情洋溢的女作家，更像一个怨妇。

她微凭栏，倚窗椽，看门外楼头悲恨相续，她，是孤寂的，是痛苦的，只是这些，她都不愿与别人说。

“昨夜他又写了一只诗，我也写了一只诗，他是写给他新的情人的，我是写给我悲哀的心的。”

“我没有家，我连家乡都没有，更失去朋友，只有一个他，而今他又对我取着这般态度。”“说什么爱情！说什么受难者共同走尽患难的路程！都成了昨夜的梦，昨夜的明灯。”

萧红是一个内敛的女人，所以即便她被伤得千疮百孔，她依旧会假装坚强，即便已经泪流满面，却依旧含泪微笑，或

许，也只有《苦杯》中那一组一组哀伤的诗句，才能真的读懂她的惆怅。

1936年，为了挽回即将破裂的夫妻感情，萧红和萧军分居了，即便是在这样的情况下，已赴日本的萧红依旧没有分毫停止过对萧军的爱。

> 均：现在我庄严地告诉你一件事情，在你看到以后一定要在回信上写明！就是第一件你要买个软枕头，看到我的信就去买！硬枕头使脑神经很坏。你若不买，来信也告诉我一声，我在这边买两个给你寄去，不贵，并且很软。第二件你要买一张当作被子来用的有毛的那种单子，就像我带来的那样的，不过更该厚点。你若懒得买，来信也告诉我，也为你寄去。还有，不要忘了夜里不要吃东西……
>
> 萧上
>
> 八月十七日

像这样的信，萧红给萧军写了几十封，她希望能够挽回丈夫的心，可是，得来的，不过是丈夫的背叛。

因为太爱了，所以才会给彼此压力吗？因为太熟悉，所以才更加挑剔吗？

萧红和萧军的爱情，最终还是被婚姻埋葬了，或者说，是他们的婚姻被爱情埋葬了。

有的时候，太爱一个人，也会让他感到束缚吧，起码，在萧军看来是如此的：“她常常关心我太多，这使我很不舒服，以至厌烦。这也是我们常常闹一些小矛盾的原因之一。我是一个不愿可怜自己的人；也不愿别人‘可怜’我！”

1938年，日寇进逼临汾，情势危急，萧红主张撤退，萧军却执意留下，他们之间发生了激烈的争吵，关于其中细节，萧军曾经在《侧面》之中做了如下描述：

萧红：你总是这样不听别人的劝告，该固执的你固执，不该固执的你也固执……这简直是“英雄主义”、“逞强主义”……你去打游击吗？那不会比一个真正的游击队员价值更大一些，万一牺牲了，以你的年龄你的生活经验文学上的才能……这损失，并不仅是你自己的呢。我也并不只是为了“爱人”的关系才这样劝阻你，以致引起你的憎恶和鄙视……这是想到了我们的文学事业。

萧军：人总是一样的。生命的价值也会一样的。战场上死了的人不一定全是愚蠢的……为了争取解放共同的奴隶的命运，谁是应该等待着发展他们的“天才”，谁又该去死呢？

萧红：你简直忘了“各尽所能”这宝贵的言语，也忘了自己的岗位，简直是胡来……

萧军：我什么全没忘。我们还是各自走自己要走的路

吧，万一我死不了——我想我不会死的——我们再见，那时候也还是乐意在一起就在一起，不然就永远分开……

萧红：好的。

就这样，萧军和萧红和平地分手了，他们婚变的消息不知道震惊了多少人，这对患难之时都不曾相弃的鸳鸯就这样散了。

是性格的原因，是理念的不同，是生活习惯的不同，还是……

无论原因是什么，他们，终究还是劳燕分飞了。

曾经双双化蝶，飞过那万水千山，当遥见满园芳菲的时候，却各自离散。

伤离别，悲春秋，剪不断，理还乱！

是什么让这一对天上人间、契阔相随的佳偶走上了人生的平行线？没有谁知道，或许，连他们自己都不知道。

却不知道，他们若是晓得此番分手便是永诀的话，是不是还会如此决然地离去了。

图书在版编目（CIP）数据

最好不相见/王英著.—武汉：武汉大学出版社，2014.2（2019.8重印）

ISBN 978-7-307-12026-6

Ⅰ.最… Ⅱ.王… Ⅲ.爱情－通俗读物 Ⅳ.C913.1−49

中国版本图书馆CIP数据核字（2013）第264486号

责任编辑：陈　岱　　责任校对：刘延姣　　版式设计：吕　伟

出版发行：**武汉大学出版社**　（430072　武昌　珞珈山）

（电子邮箱：cbs22@whu.edu.cn 网址：www.wdp.com.cn）

印刷：阳谷毕升印务有限公司

开本：880×1300　1/32　印张：7.5　字数：140千字

版次：2014年2月第1版　2019年8月第2次印刷

ISBN 978-7-307-12026-6　定价：42.00 元